한 달 만에 끝내는
DELE
VOCA

한 달 만에 끝내는 DELE VOCA

지은이 김선웅 · Nieves Algaba Pacios
펴낸이 임상진
펴낸곳 (주)넥서스

초판 1쇄 인쇄 2025년 7월 10일
초판 1쇄 발행 2025년 7월 14일

출판신고 1992년 4월 3일 제311-2002-2호
주소 10880 경기도 파주시 지목로 5
전화 (02)330-5500 팩스 (02)330-5555

ISBN 979-11-94643-40-1 13770

출판사의 허락 없이 내용의 일부를
인용하거나 발췌하는 것을 금합니다.
저자와의 협의에 따라서 인지는 붙이지 않습니다.

가격은 뒤표지에 있습니다.
잘못 만들어진 책은 구입처에서 바꾸어 드립니다.

www.nexusbook.com

스페인어 능력시험 대비

한 달 만에 끝내는
DELE VOCA

김선웅, Nieves Algaba Pacios 지음

넥서스

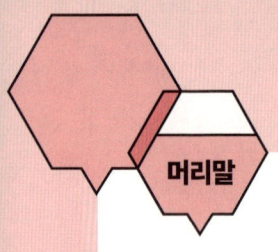

머리말

국제화된 현대 사회에서 언어의 중요성은 날로 증가해 오고 있다. 이에 따라 한국에서도 영어를 제외한 다양한 제2외국어에 대한 관심과 학구열이 높아지고 있다. 이러한 언어 중에서도 스페인어는 5억 명에 이르는 모국어 사용자가 있다는 점과 스페인과 라틴 아메리카에 대한 문화적 흥미가 더해져서 많은 사람들이 배우려고 하는 언어다.

전국에 있는 스페인어학과 소속 학생뿐만 아니라 비전공 학생, 일반인들도 스페인어를 학습하고 있다. 시중 서점에는 여러 종류의 문법책, 회화책, DELE 시험 관련 책 등이 존재한다. 스페인어를 공부하며 다수는 DELE 시험 합격을 목표로 하고 있다. DELE 시험은 독해, 작문, 청취 그리고 회화시험으로 구분되는데, 가장 기본적인 요소는 단어와 문법이지만 관용구, 연어(連語), 숙어 표현 등을 이해하고 활용하는 것도 매우 중요하다.

사전에도 관용 표현들이 등장하지만, 작문하거나 회화를 할 때, 어떻게 적절하게 사용하는지는 알려 주지 않는다. 본 교재에 수록된 600개 항목의 표현은 DELE 시험에 자주 등장하거나 일상생활에서 빈번히 사용되는 것들이다. 또한, 단순히 숙어 표현을 한국어로 번역한 것이 아니라, 다양한 문장으로 혹은 대화로 전후 맥락을 이해하고 그 표현을 작문이나 회화에 활용하도록 구성했다.

 대학교 동기인 Nieves Algaba 교수와 수행한 이 작업이 DELE 시험을 준비하고 스페인어를 사랑하는 학습자들에게 도움이 되기를 바란다.

저자 김선웅

관용구, 연어(連語), 숙어 표현 등은 아마도 다른 언어를 배울 때 가장 어려운 어휘 구조일 것이다. 문제는 이러한 단위들의 의미를 이해하는 것만큼이나 올바르게 사용하는 것이 매우 복잡하다는 데 있다. 그리고 한국어와 스페인어처럼 서로 다른 언어들을 다룰 때 그 복잡성은 더욱 커진다.

현재 스페인어에서 자주 사용된다고 여겨지는 다양한 용어와 숙어 표현의 습득을 용이하게 하고자 이 교재를 제작했다. 그리고 이를 구성하는 600개 항목 덕분에 스페인어 학습자들에게 사용상의 의문을 해결할 수 있는 도구를 제공한다. 본질적으로 의사소통 중심의 학습을 고려하여, 각 표제어의 번역뿐만 아니라 표현을 더욱 이해하기 쉽게 만드는 예문들을 수록했다. 동시에 이러한 예문들의 삽입은 표현들이 들어가는 문장의 문법적 구조에 대한 성찰도 가능하게 하며, 이는 학습자에게 더 큰 도움이 된다.

저자 Nieves Algaba Pacios

DELE란?

DELE는 스페인어의 능력과 숙달 정도를 인증하는 국제 공인 자격증으로, 스페인 교육·직업훈련·체육부의 이름으로 세르반테스 문화원이 발급하고 있다. DELE 시험은 유럽 평의회의 유럽 공통 참조 기준(MCER)을 준수하여 설계되었으며, A1·A2, B1·B2, C1·C2 레벨을 포함한다. DELE는 국제적으로 높은 명성을 가지고 있으며, 전세계 민간기업, 상공회의소, 공공 및 사교육 시스템에서 인정받는 자격증이다. 2024년 한국에서는 1,600명 이상의 응시자가 DELE 시험에 응시했다.

레벨 안내

DELE A1	즉각적인 필요나 매우 일상적인 주제와 관련된 의사소통 상황에서 기본적인 언어로 대처할 수 있는가?	
	그룹 1 (읽기-쓰기 능력)	독해(45분), 작문 표현 및 상호작용(25분).
	그룹 2 (구술 능력)	청해(25분), 구술 표현 및 상호작용(준비 시간 10분 + 시험 시간 10분).
DELE A2	자신의 경험과 특히 관련된 빈번히 사용되는 일상 표현과 문장을 이해할 수 있는가?	
	그룹 1 (읽기-쓰기 능력)	독해(60분), 작문 표현 및 상호작용(45분).
	그룹 2 (구술 능력)	청해(40분), 구술 표현 및 상호작용(준비 시간 12분 + 시험 시간 12분).
DELE B1	직업, 학업 또는 여가 상황에서 자신이 알고 있는 문제를 다루는 경우, 명확하고 표준어로 된 텍스트의 요점을 이해할 수 있는가? 해당 언어를 사용하는 지역을 여행하는 동안 발생할 수 있는 대부분의 상황을 해결할 수 있는가? 경험, 사건, 바람 및 포부를 묘사하거나 의견을 간단히 입증하거나 자신의 계획을 설명하는 등, 친숙하거나 개인적으로 관심있는 주제에 대한 간단하고 일관적인 텍스트를 작성할 수 있는가?	
	그룹 1 (읽기-쓰기 능력)	독해(70분), 작문 표현 및 상호작용(60분).
	그룹 2 (구술 능력)	청해(40분), 구술 표현 및 상호작용(준비 시간 15분 + 시험 시간 15분).
DELE B2	원어민과 충분히 유창하고 자연스럽게 교류하여, 대화 상대의 별다른 노력 없이 의사소통이 이루어지는가? 다양한 주제에 대한 명확하고 상세한 텍스트를 작성하고, 일반적인 주제에 대해 각 옵션의 장단점을 제시하여 자신의 관점을 옹호할 수 있는가? 자신의 전문 분야와 관련이 있는 경우, 기술적 성격의 텍스트를 포함하여 구체적이거나 추상적인 주제를 다루는 복잡한 텍스트의 요점을 이해할 수 있는가?	
	그룹 1 (읽기-쓰기 능력)	독해(70분), 작문 표현 및 상호작용(80분).
	그룹 2 (구술 능력)	청해(40분), 구술 표현 및 상호작용(준비 시간 20분 + 시험 시간 20분).

DELE C1	길고 난이도 있는 다양한 종류의 텍스트를 이해하고, 그 안에 담긴 함축적 의미를 파악할 수 있는가? 적절한 표현을 찾기 위한 명확한 노력 없이 유창하고 자발적으로 표현할 수 있는가? 사회적, 학문적, 전문적 목적을 위해 유연하고 효과적으로 언어를 사용할 수 있는가? 텍스트의 조직, 연결, 응집 기법을 올바르게 사용하며, 어느 정도의 복잡한 주제에 대해 명확하고 잘 구조화된 상세한 텍스트를 작성할 수 있는가?	
	그룹 1	독해 및 언어 사용(90분), 작문 표현, 중재 및 상호작용(80분).
	그룹 2	청해 및 언어 사용(50분), 구술 표현, 중재 및 상호작용(준비 시간 20분 + 시험 시간 20분).
DELE C2	텍스트의 길이, 복잡성, 추상화 정도, 주제에 대한 친숙도, 사용된 언어의 종류, 내용을 이해하기 위한 추론이나 다른 기타 작업이 필요한 여부에 관계없이, 어떤 상황에서도 듣고 읽는 거의 모든 것을 이해할 수 있는가? 매우 높은 유창성과 뛰어난 의미적, 문법적 정확성을 바탕으로 자발적으로 표현하며, 매우 전문적이고 복잡한 학술적, 업무적 분야에서도 의미의 뉘앙스를 구별할 수 있는가?	
	영역 1	언어 사용 및 독해, 청해(105분).
	영역 2	작문 표현, 중재 및 상호작용(150분).
	영역 3	구술 표현 및 상호작용(준비 시간 30분 + 시험 시간 20분).

접수 방법

DELE 시험 접수는 각 회차에 지정된 기간 내에 DELE 시험 센터를 통해 진행해야 한다.

【국내 DELE 시험 센터】
- 서울: 한국외국어대학교 센터(http://dele.hufs.ac.kr/)
- 대구: 대구 DELE 센터(http://daegudele.cu.ac.kr/)
- 인천, 경기, 부산: 대교 DELE 센터(https://vanvo.co.kr/product/list.html?cate_no=100)

성적표 및 자격증

DELE 시험 결과는 필기 시험이 끝난 후 약 3개월 이내에 발표된다. 세르반테스 문화원은 시험 등록 시 응시자가 제공한 이메일 주소를 통해 시험 결과 발표 일정을 응시자에게 고지하며, 응시자는 세르반테스 문화원 사이트에서 공식 성적표를 확인할 수 있다.

구성과 특징

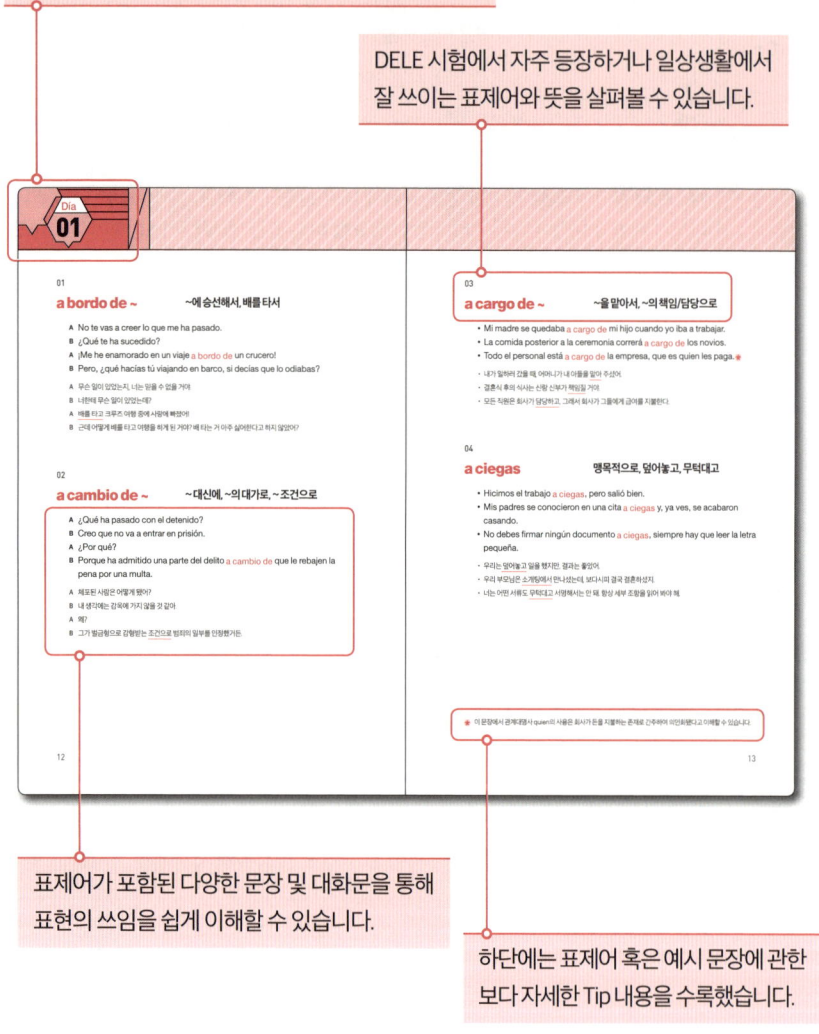

Día 01부터 30까지 하루에 20개씩 암기할 수 있도록 구성하여 총 600개의 어휘 및 표현을 수록했습니다.

DELE 시험에서 자주 등장하거나 일상생활에서 잘 쓰이는 표제어와 뜻을 살펴볼 수 있습니다.

표제어가 포함된 다양한 문장 및 대화문을 통해 표현의 쓰임을 쉽게 이해할 수 있습니다.

하단에는 표제어 혹은 예시 문장에 관한 보다 자세한 Tip 내용을 수록했습니다.

MP3 듣는 법

❶ 스마트폰에서 MP3 바로 듣기

스마트폰으로 QR코드를 인식하면 MP3를 바로 들을 수 있습니다.

❷ 컴퓨터에서 MP3 다운받기

넥서스 홈페이지(www.nexusbook.com)에서 도서명으로 검색하시면, 회원 가입 없이 바로 무료로 다운받을 수 있습니다.

차례

* 머리말 4
* DELE란? 6
* 구성과 특징 8
* MP3 듣는 법 9

Día 01	 12		Día 16	 162
Día 02	 22		Día 17	 172
Día 03	 32		Día 18	 182
Día 04	 42		Día 19	 192
Día 05	 52		Día 20	 202
Día 06	 62		Día 21	 212
Día 07	 72		Día 22	 222
Día 08	 82		Día 23	 232
Día 09	 92		Día 24	 242
Día 10	 102		Día 25	 252
Día 11	 112		Día 26	 262
Día 12	 122		Día 27	 272
Día 13	 132		Día 28	 282
Día 14	 142		Día 29	 292
Día 15	 152		Día 30	 302

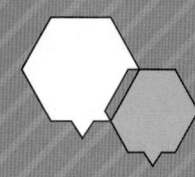

DELE VOCA

원어민 MP3를
바로 들어 보세요.

Día 01

01

a bordo de ~   ~에 승선해서, 배를 타서

- A No te vas a creer lo que me ha pasado.
- B ¿Qué te ha sucedido?
- A ¡Me he enamorado en un viaje a bordo de un crucero!
- B Pero, ¿qué hacías tú viajando en barco, si decías que lo odiabas?

- A 무슨 일이 있었는지, 너는 믿을 수 없을 거야.
- B 너한테 무슨 일이 있었는데?
- A 배를 타고 크루즈 여행 중에 사랑에 빠졌어!
- B 근데 어떻게 배를 타고 여행을 하게 된 거야? 배 타는 거 아주 싫어한다고 하지 않았어?

02

a cambio de ~   ~대신에, ~의 대가로, ~ 조건으로

- A ¿Qué ha pasado con el detenido?
- B Creo que no va a entrar en prisión.
- A ¿Por qué?
- B Porque ha admitido una parte del delito a cambio de que le rebajen la pena por una multa.

- A 체포된 사람은 어떻게 됐어?
- B 내 생각에는 감옥에 가지 않을 것 같아.
- A 왜?
- B 그가 벌금형으로 감형받는 조건으로 범죄의 일부를 인정했거든.

03

a cargo de ~ ~을 맡아서, ~의 책임/담당으로

- Mi madre se quedaba a cargo de mi hijo cuando yo iba a trabajar.
- La comida posterior a la ceremonia correrá a cargo de los novios.
- Todo el personal está a cargo de la empresa, que es quien les paga. ✱

· 내가 일하러 갔을 때, 어머니가 내 아들을 맡아 주셨어.
· 결혼식 후의 식사는 신랑 신부가 책임질 거야.
· 모든 직원은 회사가 담당하고, 그래서 회사가 그들에게 급여를 지불한다.

04

a ciegas 맹목적으로, 덮어놓고, 무턱대고

- Hicimos el trabajo a ciegas, pero salió bien.
- Mis padres se conocieron en una cita a ciegas y, ya ves, se acabaron casando.
- No debes firmar ningún documento a ciegas, siempre hay que leer la letra pequeña.

· 우리는 덮어놓고 일을 했지만, 결과는 좋았어.
· 우리 부모님은 소개팅에서 만나셨는데, 보다시피 결국 결혼하셨지.
· 너는 어떤 서류도 무턱대고 서명해서는 안 돼. 항상 세부 조항을 읽어 봐야 해.

✱ 이 문장에서 관계대명사 quien의 사용은 회사가 돈을 지불하는 존재로 간주하여 의인화됐다고 이해할 수 있습니다.

Día 01

05

a condición de que ~   ~조건으로

- Luis le prestó su coche a condición de que lo tratara bien.
- Quedo contigo a cenar a condición de que paguemos a medias.
- Pido postre a condición de que lo compartas conmigo.

- 루이스는 차를 잘 다룬다는 조건으로 그에게 자동차를 빌려주었습니다.
- 우리가 비용을 반반씩 낸다는 조건으로 나는 너랑 저녁 식사 약속을 잡을 거다.
- 너와 함께 나눈다는 조건으로 디저트를 주문한다.

06

a continuación   이어서, 다음으로

- A continuación, verán ustedes unos anuncios de publicidad.
- Se celebrará la graduación y, a continuación, se servirá un cóctel.
- Lo normal es acabar el grado y, a continuación, realizar un máster.

- 이어서 여러분들은 광고를 보게 될 것입니다.
- 졸업식이 거행될 것이며, 이어서 칵테일이 서빙됩니다.
- 보통은 학사 과정을 마치고 나서 석사 과정을 합니다.

07

a cuánto está ~   ~얼마인가요?

- Creo que el pescado ha subido de precio, ¿a cuánto está hoy? ✱
- ¿Me podría decir a cuánto está el kilo de manzanas?
- No recuerdo a cuánto estaban esos mismos productos el año pasado, pero seguro que eran más baratos.
- Como siga la subida de precios no sé a cuánto estará mañana la gasolina.

- 생선 가격이 오른 것 같은데, 오늘 얼마예요?
- 사과 1킬로에 얼마인지 말씀해 주실 수 있나요?
- 작년에 이 제품들이 얼마였는지, 기억이 안 나네요. 하지만 분명 더 쌌을 거예요.
- 가격이 계속 이렇게 오르면 내일 기름 값이 얼마가 될지 모르겠어요.

08

a domicilio   가정 방문, 집으로 배달

- Clases a domicilio a partir de las cinco.
- Antes yo repartía pizzas a domicilio.
- Mi primo es fisioterapeuta y se dedica a dar masajes a domicilio.
- Ahora compro la ropa en internet porque te la pueden llevar a domicilio y es más cómodo. ✱✱

- 오후 5시부터 방문 수업 가능함.
- 나는 예전에는 피자 배달을 했어요.
- 내 사촌은 물리 치료사인데 가정 방문 마사지를 전문으로 해요.
- 요즘 나는 인터넷으로 옷을 사요. 집으로 배달해 주니까 더 편리하거든요.

✱ el pescado ha subido de precio도 사용하고 el precio del pescado ha subido도 사용 가능합니다.
✱✱ 이 문장에서 te는 대화 상대방으로 이해할 수 있지만, 더 정확하게는 2인칭의 무인칭 사용법입니다.

15

Día 01

09

a duras penas   간신히, 힘겹게, 어렵게, 겨우겨우

- Mi primo acabó sus estudios a duras penas.
- Estoy lleno; me he comido el postre a duras penas.
- Él consiguió a duras penas reunir el dinero para el piso.
- Llegaron a la cima de la montaña a duras penas, porque se les hizo de noche.
  - 내 사촌은 겨우겨우 학업을 마쳤습니다.
  - 나는 배가 불러서 디저트는 간신히 먹었습니다.
  - 그는 집값을 마련하는 데 힘겹게 성공했습니다.
  - 그들은 날이 어두워져서 산 정상까지 어렵게 도착했습니다.

10

a escala (=nivel) nacional   전국적으로, 전국구로

- A ¿Cuál te parece que es la mayor preocupación a escala (=nivel) nacional? ✱
- B Sin duda la falta de trabajo.
- A Pues a mí me parece que a escala (=nivel) nacional lo que preocupa a la gente es el precio de la vivienda.
- B Creo que es un problema también a escala (=nivel) internacional.
  - A 너는 국가적 차원에서 가장 큰 걱정거리가 뭐라고 생각해?
  - B 의심할 여지없이 일자리 부족이지.
  - A 난 국가적 차원에서 사람들이 걱정하는 건 주택 가격이라고 생각하는데.
  - B 그것 또한 국제적 차원의 문제라고 생각해.

✱ 이 문장에서 cuál을 사용한 것은 배후에 여러 걱정거리 중에서 어떤 것이냐고 묻는 상황이기 때문입니다. 예를 들면, A: "¿Qué quieres?", B: "Un café."는 열린 선택지에 대해 묻는 경우이고, A: "¿Cuál (de estas camisas) quieres?", B: "La de rayas."는 정해진 선택지 중에서 하나를 고를 때 사용하는 표현입니다.

11

a favor de ~   ~편에서, ~에게 유리하게, ~에 찬성하는

- A ¿Qué te parecen las últimas decisiones del gobierno?
- B Yo estoy a favor de todo lo que se ha acordado.
- A ¿Por qué?
- B Porque pienso exactamente igual.

- A 정부의 최근 결정들에 대해 넌 어떻게 생각해?
- B 나는 합의된 모든 것을 찬성해.
- A 왜?
- B 내 생각과 정확히 일치하거든.

12

a fin de cuentas   결국

- A Año no iré a mi pueblo en verano.
- B ¿Por qué, si siempre ibas?
- A Me sale muy caro y, a fin cuentas, ya nadie de mi familia vive allí.
- B Entonces lo entiendo perfectamente.

- A 나는 올해 여름에는 고향에 가지 않을 거야.
- B 왜? 항상 갔었잖아?
- A 너무 비싸고, 결국 우리 가족 중 아무도 거기 살지 않거든.
- B 그렇다면 완전히 이해가 되지.

Día 01

13

a fuego lento 약불로

- **A** No sé qué hacer para que la carne quede tierna.
- **B** Es muy fácil, debes cocinarla a fuego lento.
- **A** ¿No es mejor meterla en el horno?
- **B** No, la carne necesita tiempo para que esté en su punto.

- **A** 나는 고기를 부드럽게 만들기 위해 뭘 해야 할지 모르겠어.
- **B** 아주 쉬워, 약한 불에 천천히 요리해야 해.
- **A** 오븐에 넣는 게 더 낫지 않을까?
- **B** 아니야, 고기는 알맞게 익으려면 시간이 필요해.

14

a la altura de ~ ~지점에, ~수준에, ~에 맞게

- No sé si Juan estará a la altura de las circunstancias y sabrá comportarse.
- Muchas veces los políticos no están a la altura de lo que se espera de ellos.
- El jugador de fútbol no estuvo a la altura del resto del equipo.

- 나는 후안이 상황에 맞게 있고, 잘 행동할 수 있을지 모르겠어.
- 정치인들은 종종 그들에게 요구하는(기대하는) 수준에 미치지 못해.
- 그 축구 선수는 다른 팀원들과 같은 수준에 미치지 못했어.

15

a la espera de ~   ~을 기다리고 있다

- Estamos a la espera de saber el estado de salud de mi tío.
- Quedamos a la espera de las noticias del presidente.
- Juan está a la espera de conocer los resultados de su trabajo.
- Estoy a la espera de mis últimas calificaciones.

- 우리는 삼촌의 건강 상태를 기다리고 있다.
- 우리는 대통령의 소식을 기다리고 있다.
- 후안은 자신의 업무 결과를 기다리고 있다.
- 나는 마지막 성적을 기다리고 있다.

16

a la vez   동시에

- Mi marido y yo terminamos la carrera a la vez.
- Dos atletas llegaron a la vez a la meta.
- Se vieron varios relámpagos a la vez en el cielo.
- Tuvimos que hacer varios trabajos a la vez para cumplir con los objetivos.

- 남편과 나는 동시에 대학을 졸업했다.
- 두 선수가 동시에 결승선에 도착했다.
- 하늘에서 번개가 동시에 여러 번 쳤다.
- 우리는 목표를 달성하기 위해 여러 일을 동시에 해야 했다.

Día 01

17

a la vuelta 돌아올 때, (방향을) 틀면/돌면

- A Estoy buscando una farmacia.
- B La encontrará usted a la vuelta.
- A Pero, ¿girando esta calle o de la siguiente?
- B Justo después de torcer esta esquina.

- A 약국을 찾고 있어요.
- B 코너를 돌면, 바로 찾으실 수 있을 거예요.
- A 그런데 이 거리 모퉁이를 돌아서 있나요, 아니면 다음 거리인가요?
- B 이 모퉁이를 돌자마자요.

18

a la vuelta de ~ ~(돌아온) 후에

- A la vuelta de nuestra boda, empezaremos a buscar piso.
- Él encontró trabajo a la vuelta de su viaje por África.
- Diseñaremos el nuevo proyecto a la vuelta de las vacaciones.

- 우리는 결혼식이 끝난 후에 집을 찾기 시작할 거야.
- 아프리카 여행에서 돌아온 후에 그는 일을 구했어.
- 휴가에서 돌아온 후에, 우리는 새로운 프로젝트를 설계할 거야.

19

a lo largo de ~   ~따라, ~걸쳐, ~동안

- Ellos han ido mejorando su actitud a lo largo de los años.
- Nos fuimos conociendo a lo largo de las vacaciones que pasamos juntos.
- Ellos extendieron una alfombra a lo largo del salón.
- Había un gran reguero de agua a lo largo de la calle.
- 그들의 태도는 몇 년에 걸쳐 점점 나아졌습니다.
- 우리는 함께 보낸 휴가 동안 서로를 알아갔습니다.
- 그들은 거실을 따라 카펫을 깔았습니다.
- 거리를 따라 많은 물이 흘러내리고 있었습니다.

20

a los ~ años   ~살에, ~나이에

A ¿Cuándo te independizaste de tu familia?
B A los 30 años.
A Pues yo a los 25.
B Es que a los 25 años yo no tenía dinero para independizarme.

A 너는 언제 가족으로부터 독립했어?
B 30살에 했어.
A 나는 25살에 했는데.
B 25살 때는 난 독립할 돈이 없었거든.

Día 02

21

a los pocos días / meses   며칠/몇 달 후에, 며칠/몇 달 만에

- Ellos se conocieron en mayo y a los pocos meses ya vivían juntos.
- Él tenía un montón de amigos a los pocos días de mudarse.
- Ella se reincorporó a su trabajo a los pocos meses de dar a luz.

- 그들은 5월에 만나고 몇 달 만에 같이 살게 되었습니다.
- 그는 이사한 지 며칠 만에 친구가 많이 생겼습니다.
- 그녀는 출산한 지 몇 달 만에 직장에 복귀했습니다.

22

a más tardar   (아무리) 늦어도

- Espero que el paquete llegue, a más tardar, el jueves.
- Me dijeron que, a más tardar, el fin de semana tendríamos los resultados.
- Su pedido estará listo en una hora, a más tardar.
- Ellos deben entregar el trabajo, a más tardar, en un mes.

- (아무리) 늦어도 목요일까지는 소포가 도착하길 바랍니다.
- (아무리) 늦어도 주말까지는 우리는 결과를 받을 수 있을 거라고 했습니다.
- (아무리) 늦어도 한 시간 안에 주문하신 것이 준비될 것입니다.
- (아무리) 늦어도 한 달 안에는 그들은 과제를 제출해야 합니다.

23

a medida que ~ ~할수록, ~에 따라, ~과 동시에

- A medida que nos conocíamos, nos caíamos mejor.
- Servían la comida a medida que llegaban los invitados.
- A medida que se aproximaban al bosque sentían más miedo.
- Los espectadores se iban marchando a medida que se acercaba el final de la obra.
- 서로를 알아갈수록 우리는 더 좋아하게 되었다.
- 손님들이 도착하는 것에 따라 음식을 대접했다.
- 숲에 가까워질수록 그들은 더 무서워했다.
- 연극이 끝남과 동시에 관객들은 자리를 떠나고 있었다.

24

a menos que ~ ~하지 않는 한

- A menos que me falte tiempo, estudiaré todos los temas.
- Iré a tu casa, a menos que prefieras que quedemos en otro sitio.
- Comeré en casa, a menos que se me haga tarde.
- Compraré carne, a menos que quieras pescado.
- 시간이 부족하지 않는 한, 나는 모든 주제를 공부할 것입니다.
- 네가 다른 곳에서 만나는 것을 선호하지 않는 한, 나는 너의 집에 갈 것이다.
- 늦어지지 않는 한, 집에서 식사할 것입니다.
- 생선을 원하지 않는 한, 고기를 살 것입니다.

Día 02

25

a mi / tu / su cargo
~의 책임 하에

- A Me han dicho que buscas un nuevo trabajo.
- B Sí, es verdad, pero no querría cambiar de ciudad porque tengo hijos a mi cargo.
- A Claro, lo entiendo.
- B Es que no me gustaría que tuvieran que ir a otro colegio y hacer nuevos amigos.

- A 너 새로운 일을 찾고 있다고 하던데.
- B 응, 맞아. 하지만 나는 책임질 아이들이 있어서, 도시를 옮기고 싶지는 않아.
- A 그럼, 이해해.
- B 나는 아이들이 다른 학교에 가서 새로운 친구를 사귀는 것을 바라지 않거든.

26

a mi / tu / su compás
~의 리듬/박자에 맞추어

- A ¿Qué crees que debo hacer para aprobar la asignatura?
- B Ir al compás del profesor.
- A ¿Y de los compañeros?
- B Sí, creo que también debes ir a su compás.

- A 과목을 통과하려면 내가 어떻게 해야 한다고 생각해?
- B 교수님의 리듬에 맞춰.
- A 그리고 동료의 리듬도?
- B 그래, 너도 그들의 리듬에 맞춰야 한다고 생각해.

27

a mi / tu / su disposición

~준비가 된, ~마음대로, ~이 원하면

- Ahora puedes tener a tu disposición la tarjeta para el transporte público.
- Juan me dijo que está a mi disposición para todo lo que necesite.
- Si lo necesito, tengo crédito a mi disposición en el banco.
- 이제 네가 원하면 대중교통 카드를 사용할 수 있다.
- 후안은 내가 필요한 모든 것에 대해 도와줄 준비가 되어 있다고 말했습니다.
- 내가 필요하다면, 은행에서 대출을 마음대로 받을 수 있습니다.

28

a mi / tu / su medida

~에게 맞춤형으로, ~에게 어울리는, ~에게 맞는

- Esta casa parece estar hecha a mi medida: tiene todo lo que necesito.
- Ella se buscó un novio a su medida porque les gustan las mismas cosas.
- Para no desanimarte, debes estudiar una carrera a tu medida. Si no, no la acabarás nunca.
- 이 집은 마치 나에게 맞춤형으로 지어진 것 같아. 내가 필요한 모든 것이 있어.
- 그녀는 자기에게 어울리는 남자친구를 찾았어. 그들은 같은 것을 좋아해.
- 네가 의욕을 잃지 않으려면, 너에게 맞는 전공을 선택해야 해. 그렇지 않으면 절대 끝내지 못할 거야.

Día 02

29

a mis / tus / sus años   ~의 나이에

- Creo que no es bueno hacer tantos esfuerzos a tus años.
- No es fácil que Juan se case a sus años.
- A mis años, ya nada me sorprende: todo me resulta previsible.

- 네 나이에는 그렇게 힘쓰는 것은 좋지 않다고 생각해.
- 후안이 그 나이에 결혼하기는 쉽지 않을 거예요.
- 내 나이에는 이제 아무것도 놀랍지 않아요: 모든 것이 예측 가능해요.

30

a no ser que ~   ~하지 않는 한

- Iré en moto, a no ser que llueva.
- Comeré tarta de chocolate, a no ser que tenga nueces, porque soy alérgica.
- Te mando un mail, a no ser que prefieras que te llame.
- Ella saldrá hoy del hospital, a no ser que le suba fiebre.

- 비가 오지 않는 한, 나는 오토바이를 탈 것입니다.
- 나는 견과류가 들어 있지 않는 한, 초콜릿 케이크를 먹을 것입니다. 알레르기가 있거든요.
- 네가 전화하는 것을 선호하지 않는 한, 나는 이메일을 보낼 것입니다.
- 열이 나지 않는 한, 그녀는 오늘 퇴원할 것입니다.

31

a poco que ~   조금만 ~하면, 조금만 ~해도

- Date prisa, porque a poco que nos descuidemos, será de noche.
- Como nunca bebo alcohol, a poco que tome, me emborracho.
- Pedro es muy listo, se lo aprende todo a poco que estudie.
- Todo está muy caro: a poco que compres, te gastas un montón de dinero.

- 서둘러라, 조금만 방심하면 날이 어두워질 거야.
- 술을 전혀 안 마셔서, 조금만 마셔도 취한다.
- 페드로는 매우 똑똑해서, 조금만 공부해도 다 배운다.
- 모든 게 너무 비싸서, 조금만 사도 돈을 엄청 쓰게 된다.

32

a primera hora   이른 ~에, 일찍, ~ 초반에

- A Quiero que nos reunamos a primera hora de la mañana.
- B Pues a mí me vendría mejor a primera hora de la tarde.
- A Me parece peor opción porque después de comer es habitual tener sueño.
- B Tienes razón, fijemos la reunión temprano.

- A 나는 우리가 아침 일찍 만나는 것을 원해.
- B 나는 이른 오후에 만나는 게 더 좋을 것 같아.
- A 그건 좋지 않은(나쁜) 선택인 것 같아. 왜냐면 식사 후에는 졸리는 게 보통이잖아.
- B 네 말이 맞다. 일찍 회의를 정하자(잡자).

Día 02

33

a quien corresponda

관계자 제위, 담당자에게

A ¿A quién hemos de enviar la carta para solicitar la beca?
B A la institución universitaria.
A Entonces, ¿qué debo poner en el encabezamiento?
B Pues "A quien corresponda".

A 우리는 장학금 신청 편지를 누구에게 보내야 하나요?
B 대학 기관에 보내야 해요.
A 그렇다면 편지 머리말에 뭐라고 써야 하나요?
B "관계자 분께"라고 쓰세요.

34

a ser posible

가능하면

- A ser posible, me gustaría una habitación con ventanas al parque.
- Yo tomaré una ensalada, pero a ser posible sin tomate.
- A mí no me importa ir a cenar fuera, pero a ser posible, quedamos pronto.

· 가능하면, 공원 쪽으로 창문이 있는 방이 좋겠는데요.
· 저는 샐러드를 먹을 건데, 가능하면 토마토 없이요.
· 저녁 외식을 하는 건 상관없지만, 가능하면 일찍 만났으면 좋겠어요.

35

a su vez   그로 인해, 더불어

- La tormenta provocó a su vez cortes de luz.
- El artista sufrió una crisis que le llevó al hospital y, a su vez, a pintar sus mejores cuadros.
- El jurado tuvo en cuenta la temática y, a su vez, la calidad de la obra.

- 폭풍이 발생했고, 그로 인해 정전되었다.
- 예술가는 위기를 겪어 병원에 입원하게 되었고, 그로 인해 최고의 작품들을 그리게 되었다.
- 심사위원단은 주제와 더불어 작품의 품질도 고려했다.

36

abrir un negocio   개업하다, 거래를 성사하다

- Hoy en día es un riesgo abrir un negocio nuevo.
- He pensado abrir un negocio propio porque no quiero tener jefes.
- Juan va a abrir un negocio para hacerle la competencia a Pedro.
- Quizá él abra un negocio en la parte nueva de la ciudad.

- 요즘은 새로운 사업을 시작하는 것이 위험합니다.
- 상사를 두고 싶지 않아서, 나는 개인 사업을 시작하는 것을 생각해 왔습니다.
- 후안은 페드로와 경쟁하기 위해 사업을 시작할 것입니다.
- 아마도 그는 도시의 새로운 지역에서 사업을 시작할 것입니다.

Día 02

37

abrocharse el cinturón

벨트를 매다, 허리띠를 조이다

- Debemos ahorrar, hay que abrocharse el cinturón.
- Cuando la situación económica es precaria, toca abrocharse el cinturón.
- En el coche es obligatorio abrocharse el cinturón.
- Si no te abrochas el cinturón, el coche empieza a pitar.

  - 우리는 절약해야 합니다. 허리띠를 조여야 합니다.
  - 경제 상황이 불안정할 때는 허리띠를 조여야 합니다.
  - 차 안에서는 안전벨트를 매는 것이 의무입니다.
  - 안전벨트를 매지 않으면 차에서 경고음이 울리기 시작합니다.

38

actividades extraescolares

방과 후 활동

- Les informamos de que ya pueden solicitar las actividades extraescolares deportivas.
- Las actividades extraescolares son siempre en horario fuera de clase.
- Creo que este año no voy a apuntarme a las actividades extraescolares porque son muy caras.
- Algunas actividades extraescolares te sirven para repasar los contenidos de las clases.

  - 모든 분께 방과 후 스포츠 활동을 신청할 수 있음을 알려드립니다.
  - 방과 후 활동은 항상 수업 시간 이후에 이루어집니다.
  - 나는 올해에는 방과 후 활동이 너무 비싸서 신청하지 않을 것 같아요.
  - 일부 방과 후 활동은 수업 내용을 복습하는 데 도움이 됩니다.

39

acusar el recibo (답장을)영수하다, 배달 증명하다

A Me gustaría enviar este paquete.
B ¿Quiere enviarlo con acuse de recibo?
A Sí, me gustaría acusar el recibo porque así me aseguro de que llega.
B Perfecto.

A 저는 이 소포를 보내고 싶습니다.
B 배달 증명으로 보내시겠습니까?
A 네, 배달 증명으로 보내고 싶어요. 그래야 확실히 도착했다는 것을 알 수 있으니까요.
B 알겠습니다.

40

adelantarse a mi / tu / su tiempo 시대를 뛰어넘다/앞서가다

- Los genios se adelantan a su tiempo.
- Desde luego quien inventó la IA se adelantó a su tiempo.
- Somos unos adelantados a nuestro tiempo porque dominamos la tecnología a pesar de nuestra edad.

- 천재들은 그들의 시대를 뛰어넘었다.
- 인공지능(AI)을 발명한 사람은 확실히 시대를 앞서갔습니다.
- 우리는 나이에 비해 기술을 잘 다루기 때문에 시대를 앞서간 사람들입니다.

Día 03

41

ahogarse en un vaso de agua 사소한 일에 걱정을 많이 하다

- A Creo que nunca voy a aprobar el carné de conducir.
- B ¿Por qué?
- A Pues porque me pongo muy nervioso cada vez que hago las prácticas.
- B Es que tú te ahogas en un vaso de agua y todo te parece imposible.

- A 운전면허를 따지 못할 것 같아.
- B 왜?
- A 실습할 때마다 너무 긴장되거든.
- B 넌 사소한 일에 걱정이 많아, 모든 걸 불가능하다고 생각하잖아.

42

al aire libre 야외에서

- Me gusta comer al aire libre cuando hace buen tiempo.
- Yo no voy al gimnasio porque me gusta hacer deporte al aire libre.
- Voy a salir al aire libre para que se me despeje un poco la cabeza.

- 난 날씨가 좋을 때, 야외에서 식사하는 것을 좋아해.
- 난 헬스클럽에 안 가, 왜냐면 야외 스포츠를 좋아하거든.
- 나는 머리를 식힐 겸, 야외로 간다.

43

al / por día

하루에, 그날에, 당일에

- Es bueno tomar dos piezas de fruta por día.
- Es bueno llevar las tareas al día porque luego se junta mucho trabajo.
- Corro diez kilómetros al día para mantenerme en forma.

· 하루에 과일 두 개 정도 먹는 것은 좋다.
· 그날 과제를 끝내는 것이 좋다. 왜냐면 나중에 일이 쌓이기 때문이다.
· 나는 몸매 유지를 위해 하루에 10킬로미터를 달린다.

44

al fin

드디어

- Después de tanto tiempo, al fin nos vemos.
- ¡Al fin he encontrado el libro que estaba buscando!
- ¡Al fin me confesó su secreto!
- Mi compañero ha aprobado la oposición, ¡al fin!

· 오랜만에 드디어 우리가 만나게 되었네요.
· 드디어 내가 찾던 책을 발견했어요!
· 드디어 그가 자신의 비밀을 털어놓았어요!
· 내 동료가 시험에 합격했어요, 드디어!

Día 03

45

al menos   적어도

- Debes pagar, al menos, la mitad del alquiler.
- Si no quieres llamarme, ponme, al menos, un mensaje.
- Mis amigos y yo nos vemos, al menos, dos veces por semana.
- Tienes que aprobar al menos cinco asignaturas para pasar de curso.

- 너는 적어도 월세의 절반은 내야 한다.
- 전화하기 싫으면 적어도 문자라도 보내줘.
- 나와 내 친구들은 적어도 일주일에 두 번은 만난다.
- 너는 학년을 진급하려면 적어도 다섯 과목은 통과해야 한다.

46

al menos de momento   적어도 지금은, 당분간

- No pienso cambiar de trabajo, al menos de momento.
- Que sepas que, al menos de momento, tu equipo va perdiendo.
- Creo que, al menos de momento, no piensan casarse.
- No tomaré café, al menos de momento; quizá en un rato le pida uno.

- 당분간 나는 직업을 바꾸지 않을 거야.
- 적어도 지금은 너의 팀이 지고 있다는 것을 알아라.
- 나는 그 사람들이 당분간 결혼하지 않을 것이라 생각한다.
- 난 적어도 지금은 커피를 안 마실게요. 어쩌면 나중에 한 잔 시킬 수도 있어요.

47

al mismo tiempo 동시에

- Mi madre y mi hermano llegaron a mi casa al mismo tiempo.
- Juan y María se graduaron al mismo tiempo porque tienen la misma edad.
- ¡Qué curioso! Entramos en la empresa al mismo tiempo.

- 엄마와 동생이 동시에 집에 도착했다.
- 후안과 마리아는 나이가 같기 때문에 동시에 졸업했다.
- 신기하네! 우리는 동시에 입사했어.

48

al poco de + inf. ~한 지 얼마 안 되어

- Al poco de llegar, él ya conocía a todo el mundo.
- Ella empezó a sentirse mal al poco de comer.
- Se puso a llover al poco de salir de casa.
- Juan me llamó al poco de saber la noticia.

- 도착한 지 얼마 안 되어, 그는 모든 사람들을 알게 되었다.
- 그녀는 먹은 지 얼마 안 되어 몸이 안 좋아지기 시작했다.
- 집을 나선 지 얼마 안 되어 비가 오기 시작했다.
- 후안은 소식을 들은 지 얼마 안 되어 나에게 전화했다.

Día 03

49

al poco tiempo   잠시 후, 이윽고, ~하고 바로

- Tuvieron a su primer hijo al poco tiempo de casarse.
- Ella terminó sus estudios y, al poco tiempo, ya tenía trabajo.
- Marcaron un gol al poco tiempo de empezar el partido.
- Al poco tiempo de conocerse se dieron cuenta de que estaban hechos el uno para el otro.

· 그들은 결혼하고 바로 첫 아이를 가졌다.
· 그녀는 학업을 마치고, 잠시 후에 일자리를 구했다.
· 경기가 시작하고 바로 골을 넣었다.
· 서로를 알고 이윽고, 서로를 위해 태어난 것을 깨달았다.

50

al punto (carne)   (스테이크) 미디엄(medium)

A ¿A ti cómo te gusta la carne?
B Ni poco hecha, ni muy hecha, me gusta al punto.
A Pues a mí me gusta más hecha.
B Entonces no disfrutas de su sabor.

A 너는 고기를 어떻게 먹는 걸 좋아해?
B 덜 익히지도 않고, 너무 익히지도 않은, 미디엄으로 먹는 걸 좋아해.
A 나는 좀 더 익힌 게 좋아.
B 그럼 너는 고유의 맛을 못 즐기는 거야.

51

al respecto de ~   ~에 대해

A Querría darte mi opinión al respecto de lo que has dicho.
B ¿Es que no estás de acuerdo?
A Bueno, creo que hay que puntualizar algunos puntos.
B Perfecto, me interesa tu opinión en este tema.

A 나는 네가 한 말에 대해 나의 의견을 주고 싶은데.
B 너는 동의하지 않는 거야?
A 음, 난 몇 가지 명확히 할 것이 있다고 생각해.
B 알겠어. 난 이 주제에서는 너의 의견에 관심이 있지.

52

algunos días   어떤 날은, 며칠간은, 며칠은

- He decidido que vendré en transporte público algunos días; así no uso tanto el coche.
- Algunos días me despierto con dolor de cabeza.
- Creo que es bueno que algunos días practiquemos la conversación en clase.
- Aunque parece que estas vacaciones hará buen tiempo, seguro que llueve algunos días.

- 나는 며칠간은 대중교통으로 올 것을 결정했어. 그러면 차를 많이 사용하지 않겠지.
- 어떤 날은 난 두통으로 잠이 깨.
- 나는 어떤 날은 수업 시간에 회화 연습을 하는 것이 좋다고 생각해.
- 비록 이번 휴가 때 날씨가 좋을 것 같지만, 며칠은 비가 올 거다.

Día 03

53

amor a primera vista
첫눈에 반한 사랑

- A ¿Cómo se conocieron tus padres?
- B Pues coincidieron en una biblioteca… y fue amor a primera vista.
- A ¿De verdad?
- B Sí, los dos se enamoraron al instante el uno del otro.

- A 너희 부모님은 어떻게 알게 된 거야?
- B 도서관에서 알게 되었어. 첫눈에 반한 거였어.
- A 진짜?
- B 그래. 우리 부모님은 서로에게 순식간에 사랑에 빠지셨어.

54

andar de cabeza
너무 정신이 없다

- Este mes ando de cabeza con el dinero: creo que voy a tener que pedir un préstamo.
- Ando de cabeza con los deberes porque no los he terminado aún.
- Estamos todos los días en el hospital con el abuelo, así que andamos de cabeza.
- Mañana no puedo quedar contigo porque sé que voy a andar de cabeza con el trabajo.

- 나는 이번 달에는 돈 문제로 너무 정신이 없어. 대출을 받아야 할 것 같아.
- 나는 아직 숙제를 끝내지 못해서 너무 정신이 없어.
- 우리는 매일 할아버지와 병원에 있어서 너무 정신이 없어.
- 나는 내일은 일이 많아 너무 정신이 없을 것을 알기에 너를 만날 수 없을 것 같아.

55

andar ocupado   바쁘게 지내다

- María **anda ocupada** con los preparativos de su próximo viaje.
- **Ando ocupado** con el nuevo proyecto porque hay que sacarlo pronto adelante.
- Mi hermano siempre **anda ocupado** porque en la universidad tienen que hacer muchos trabajos. ✱

· 마리아는 다음 여행 준비로 바쁘게 지낸다.
· 나는 새로운 프로젝트로 바쁘게 지내고 있어. 왜냐면 빨리 진행을 시켜야 하거든.
· 내 형은 학교에서 많은 일을 해야 해서 항상 바쁘게 지낸다.

56

animar a alguien a + inf.   누구에게 ~하게 용기를 주다, 힘을 실어 주다

- Juan **animó a su hermano a estudiar** Derecho.
- El profesor **animó a leer a sus estudiantes**.
- El cocinero **animó a todo el mundo a probar** su nuevo plato.
- El entrenador **animó a sus jugadores a conseguir** el récord.

· 후안은 동생에게 법학을 공부하라고 용기를 주었다.
· 교수는 학생들에게 독서를 하라고 힘을 실어 주었다.
· 요리사는 자신의 새 요리를 맛보라고 모든 사람에게 용기를 주었다.
· 감독은 기록을 세우라고 선수들에게 힘을 실어 주었다.

✱ 이 문장에서 사용한 tienen은 3인칭 복수의 무인칭 용법입니다.

Día 03

57

animarse a + inf.   (자신이) ~하기로 용기를 내다, 힘내다

- Finalmente mis compañeros se animan a participar en el concurso.
- Aunque yo no tenía muchas ganas, me he animado a irme de viaje con vosotros.
- ¡Anímate a venirte al concierto!

· 결국 내 동료들은 콩쿠르에 참여하기로 용기를 냈다.
· 나는 비록 원하지는 않았지만, 너희랑 여행을 가기로 용기를 냈다.
· 콘서트에 오도록 해(힘내)!

58

años más tarde   몇 년 후에

- Ellos se enfadaron cuando eran jóvenes, pero años más tarde se reconciliaron.
- Se firmó un tratado de paz, pero años más tarde volvieron los problemas.
- Juan y Pedro perdieron el contacto, pero años más tarde lo recuperaron.

· 그들은 젊었을 때 서로에게 화가 났지만, 몇 년 후에 화해를 했다.
· 평화 조약에 서명을 했지만, 몇 년 후에 다시 문제가 불거졌다(나타났다).
· 후안과 페드로는 연락을 끊었지만, 몇 년 후에 다시 연락되었다(복구되었다).

59

ante la fiebre de ~   ~광풍/열풍에 직면해서

A Hoy en día todo el mundo está obsesionado con comprar.
B Sí, además, Internet nos influye mucho.
A Pues yo creo que hay que tener cuidado ante la fiebre del consumismo.
B Sí, y comprar solo lo que de verdad necesitamos.

A 요즘 모든 사람들이 물건을 사는 것에 집착하고 있어.
B 그래, 게다가 인터넷이 우리에게 큰 영향을 주지.
A 나는 소비주의 열풍에 대해 주의해야 한다고 생각해.
B 맞아, 그리고 정말 우리가 필요한 것만 사야 해.

60

ante todo   우선, 무엇보다도, ~ 앞에서

- Ante todo, yo querría expresar mi gratitud por el premio.
- Ante todo, me gustaría pedir disculpas por los errores que he podido cometer.
- Juan dijo unas palabras ante todo el mundo y no le dio vergüenza.
- Para mañana tenéis que hacer una exposición oral ante todo el resto de compañeros.

- 무엇보다도, 저는 상을 받은 것에 대해 감사의 말씀을 드리고 싶습니다.
- 우선, 제가 범했을 수 있는 실수들에 대해 사과드리고 싶습니다.
- 후안은 모든 사람들 앞에서 말을 했고 부끄러워하지 않았다.
- 내일 다른 친구들 앞에서 구두 발표를 해야 합니다.

Día 04

61

apretón de manos 악수

- Ellos sellaron su amistad con un apretón de manos.
- En España es más frecuente saludarse con dos besos que con un apretón de manos.
- Mi padre dice que, para establecer un contrato, es suficiente con darse un apretón de manos.

· 그들은 악수로 우정을 다졌습니다.
· 스페인에서는 악수보다 볼키스를 하는 것이 더 흔한 인사 방법입니다.
· 아버지는 계약을 맺을 때 악수만으로도 충분하다고 말씀하십니다.

62

armarse de valor 용기를 내다

- Juan tiene bastante mal genio. Para discutir con él hay que armarse de valor.
- Hay tanto tráfico en esta calle que, para cruzarla, hay que armarse de valor.
- Debes armarte de valor si quieres pedirle un aumento de sueldo al jefe.
- Mi amigo se armó de valor para declararle su amor a su vecina.

· 후안은 성질이 꽤 안 좋습니다. 그와 논쟁하려면 용기를 내야 합니다.
· 이 거리에는 교통량이 너무 많아서 길을 건너려면 용기를 내야 합니다.
· 네가 상사에게 급여 인상을 요청하려면 용기를 내야 한다.
· 내 친구는 이웃 여자에게 사랑을 고백하기 위해 용기를 냈습니다.

63

así como   또한, 아울러, 그대로, ~같은

- María se ha teñido el pelo y se lo ha puesto así como naranja.
- Tu colonia huele así como a rosas.
- Todo sucedió así como te lo estoy contando; no me he olvidado ningún detalle.
- Asistieron al acto sus padres, sus hermanos, sus hijos, así como su anterior marido.

- 마리아가 머리를 염색했는데 약간 주황색 같아.
- 네 향수는 장미 향과 같은 향이 난다.
- 모든 일이 내가 지금 말하는 그대로 일어났어요. 어떤 세부사항도 빠뜨리지 않았어요.
- 그녀의 부모님, 형제들, 자식들 그리고 또한 전 남편도 참석했다.

64

así las cosas   상황이 그렇다면, 그냥 두면

A He decidido dejar de estudiar Informática porque no logro aprobar ningún examen.
B ¿Y qué te han dicho tus padres?
A Que estando así las cosas es lo mejor que puedo hacer.
B Estoy totalmente de acuerdo con ellos.

A 난 시험을 하나도 통과하지 못해서 컴퓨터 공학 공부를 그만두기로 했어.
B 그래서 부모님은 뭐라고 하셨어?
A 상황이 그렇다면 내가 할 수 있는 최선이라고 하셨어.
B 나도 부모님 의견에 전적으로 동의해.

Día 04

65

así pues 그래서, 그 결과로 인해

- Me olvidé el monedero en casa; así pues, no pude hacer la compra.
- Empezó a dolerme mucho la espalda; así pues, tuve que irme al médico.
- Yo no había estudiado nada para el examen; así pues, lo suspendí.

· 나는 지갑을 집에 두고 왔어. 그래서 쇼핑을 할 수 없었어.
· 등이 많이 아프기 시작했어. 그래서 나는 병원에 가야 했어.
· 나는 시험 공부를 전혀 하지 않았어. 그 결과로 인해 시험에 떨어졌어.

66

así que 그래서, 그러니까

- Han cancelado todos los vuelos, así que habrá que buscar otro medio de transporte.
- Tenemos una avería en el cuarto de baño, así que tenemos que llamar al fontanero.
- Hemos llegado tarde, así que nos hemos perdido la mitad del espectáculo.
- No tenemos dinero, así que no vamos a ir a Madrid.

· 모든 항공편이 취소되었어요. 그러니까 다른 교통수단을 찾아야 할 거예요.
· 화장실이 고장 났어요. 그래서 우리는 배관공을 불러야 합니다.
· 우리는 늦게 도착했어요. 그래서 공연의 절반을 놓쳤어요.
· 우리는 돈이 없어요. 그러니까 마드리드에 가지 않을 거예요.

67

asimismo 또한, 아울러, 동시에

- Me gustaría expresarle mi gratitud y, asimismo, mis ganas de volver a verle.
- Me daba vergüenza preguntar mis dudas y asimismo me moría de curiosidad.
- El gerente del hotel le dio un mapa y asimismo le indicó el camino para llegar.
- 나는 그분께 감사의 마음을 전하고, 또한 다시 뵙고 싶다는 마음도 전하고 싶습니다.
- 나는 의문점을 질문하는 것이 부끄러웠지만, 동시에 너무 궁금해서 죽을 것 같았다.
- 호텔 매니저가 그에게 지도를 주고 또한 길을 안내해 주었다.

68

atenta y distinguida consideración 정중하고 특별한 경의

A ¿Cómo te despides en una carta formal?
B Pues normalmente expreso "mi atenta y distinguida consideración" a mi destinatario.
A ¿No te parece una forma un poco anticuada?
B Bueno, es una estructura formal que indica mucho respeto por la persona a la que te diriges.

A 너는 공식적인 편지에서 어떻게 끝인사를 하니?
B 보통 나는 수신자에게 "나의 정중하고 특별한 경의"라고 표현하지.
A 조금 옛날 방식 같지 않니?
B 글쎄, 그건 상대방에 대한 깊은 존경을 나타내는 격식 있는 표현이야.

Día 04

69

aun así
불구하고, 그럼에도

- Yo estaba enferma y, aun así, fuí a trabajar.
- Aunque este domingo estará lloviendo, aun así, iremos a la playa.
- Tu amigo no me cayó bien, pero, aun así, le saludé cuando me lo encontré.
- Me conocía la película de memoria y, aun así, la vi otra vez.

  - 나는 아픈데도 불구하고 일하러 갔다.
  - 이번 주일에 비가 올 텐데도 불구하고, 우리는 해변에 갈 거예요.
  - 네 친구가 마음에 들지 않았지만, 그럼에도 마주쳤을 때 인사를 했어.
  - 영화를 다 외우고 있었는데도 불구하고, 다시 한번 봤어.

70

bajo ningún concepto
어떤 경우에도

- Yo no trabajaría en un lugar así bajo ningún concepto.
- Le sentaron mal las setas y dijo que no las volvería a comer bajo ningún concepto.
- Bajo ningún concepto soportaría que mi jefe me hablara mal.
- Dijo que no reescribiría el artículo bajo ningún concepto.

  - 나는 어떤 경우에도 그런 곳에서 일하지 않을 것입니다.
  - 그는 버섯을 먹고 탈이 나서 어떤 경우에도 다시는 먹지 않겠다고 했습니다.
  - 어떤 경우에도 상사가 나에게 함부로 말하는 것을 참지 않을 것입니다.
  - 그는 어떤 경우에도 그 기사를 다시 쓰지 않겠다고 했습니다.

71

bañarse en la piscina / el mar
수영장/바다에서 물놀이를 하다

A A todos los niños les encanta bañarse en el mar.
B Pues yo creo que la mayoría prefiere bañarse en la piscina.
A Puede ser, pero bañarse en el mar es más beneficioso para la salud por la sal del agua.
B Obviamente el agua del mar es más natural que el de una piscina. En eso estoy de acuerdo.

A 모든 아이들은 바다에서 물놀이하는 걸 좋아해.
B 근데 나는 대부분의 아이들이 수영장에서 물놀이하는 걸 더 좋아한다고 생각해.
A 그럴 수도 있지만, 바다에서 물놀이 하는 것이 소금이 있어서 건강에 더 이롭지.
B 당연히 바닷물이 수영장 물보다 더 자연스럽지. 그 점에 대해서는 동의해.

72

baño incorporado
안방 화장실, 내부 화장실

- Estoy viviendo en un piso compartido con otros estudiantes, pero afortunadamente mi habitación tiene baño incorporado.
- A mí me gusta que las habitaciones tengan baño incorporado porque te da más intimidad.
- El verano pasado fuimos a un hotel tan malo que la habitación no tenía baño incorporado.
- Antiguamente ninguna casa tenía baño incorporado, sino que todos los vecinos debían compartir un mismo baño.

- 나는 다른 학생들과 쉐어 하우스에 살고 있지만, 다행히 내 방에는 내부 화장실이 있어요.
- 저는 방에 내부 화장실이 있는 게 좋아요, 왜냐하면 더 프라이버시를 지킬 수 있거든요.
- 우리는 작년 여름에 너무 별로인 호텔에 갔는데, 방에 내부 화장실이 없었어요.
- 예전에는 어떤 집에도 내부 화장실이 딸려 있지 않았고, 모든 이웃들이 같은 화장실을 공유했어요.

Día 04

73

basarse en ~   ~에 기초를/기반을 두다

- Los datos publicados se basan en una serie de encuestas.
- Las leyes físicas normalmente se basan en la experiencia.
- Para establecer su teoría se ha basado en estudios previos.

· 발표된 데이터는 일련의 설문조사를 기반으로 합니다.
· 물리 법칙은 일반적으로 경험을 바탕으로 합니다.
· 그는 자신의 이론을 세우기 위해 이전 연구들을 토대로 삼았습니다.

74

bien acabado   (공사, 제조) 마무리가 좋은, 마감이 좋은

- Quiero que el trabajo esté bien acabado antes de entregarlo.
- Me gusta mucho cómo cose esta modista porque deja la ropa muy bien acabada.
- Estos pisos están muy bien acabados, se nota que los ha diseñado un buen arquitecto.

· 나는 제출하기 전에 과제가 잘 마무리되길 원해요.
· 이 재단사의 바느질 방법이 너무 맘에 들어요. 왜냐면 옷 마무리를 아주 잘해요.
· 이 아파트들은 마감이 정말 잘 되어 있어요. 훌륭한 건축가가 설계한 게 티가 나네요(분명하네요).

75

bien comunicado 교통이 좋은

- A ¿Dónde te has comprado tu nuevo piso?
- B En las afueras de la ciudad.
- A Pues, con los atascos que hay siempre, vas a tardar mucho en llegar al trabajo.
- B No creo. Es un piso muy bien comunicado. Tengo transporte público justo al lado de casa y no me hace falta coger el coche.

- A 네 새 아파트를 어디에서 샀어?
- B 도시 외곽에 샀어.
- A 그럼, 항상 교통체증이 심한데, 네가 출근하는 데 오래 걸리겠네.
- B 그럴 것 같지 않아. 교통이 아주 좋은 아파트야. 집 바로 옆에 대중교통이 있어서, 차를 탈 필요도 없어.

76

buena presencia 용모단정

- A En todos los anuncios de trabajo se indica que hay que tener buena presencia.
- B Bueno, eso depende: si vas a tener que atender al público, es normal, pero si no te va a ver nadie, creo que debería dar igual el aspecto físico.
- A A mí me parece que tener un buen aspecto siempre es agradable.
- B Sí, eso es cierto.

- A 모든 구인 광고에는 용모 단정해야 한다고 적혀 있어.
- B 음, 그건 상황에 따라 달라. 만약 네가 대중을 상대해야 한다면 통상적인 것이지만, 아무도 보지 않을 거라면 외모는 상관없어야 한다고 생각해.
- A 나는 좋은 외모를 가지는 건 항상 기분 좋은 것이라 생각해.
- B 맞아, 그건 사실이야.

Día 04

77

buscar palmadas en la espalda
칭찬을 바라다, 인정받기를 원하다

- A Juan siempre quiere que le den palmadas en la espalda.
- B ¿A qué te refieres?
- A Pues que siempre busca que le feliciten y que se reconozca su trabajo.
- B Es verdad, y también le pasa con los amigos: le encanta que le muestren que hace las cosas bien.
- A 후안은 항상 칭찬받기를 원해.
- B 무슨 뜻이야(무엇을 말하는 거야)?
- A 그러니까, 항상 축하받고 자기 일이 인정받길 바란다는 거야.
- B 맞아, 친구들한테도 그래. 자기가 잘하고 있다는 걸 보여 주는 걸 정말 좋아해.

78

cada vez que ~
~할 때마다

- Cada vez que yo como en casa de mi madre, engordo. ¡¡¡Es que me encanta su comida!!!
- No he podido hablar con mi prima: cada vez que lo intento, salta el contestador.
- Cada vez que lavo el coche, llueve, ¡Qué mala suerte!

- 나는 엄마 집에서 밥을 먹을 때마다 살이 쪄. 엄마 음식을 너무 좋아해서 그래!
- 나는 사촌이랑 통화할 수가 없어. 시도할 때마다 자동응답기가 나와.
- 내가 세차할 때마다 비가 와. 운이 정말 없네!

79
caer bien / mal   맘에 들다/안 들다, 좋아하다/안 좋아하다

- Me caen mal los amigos de Paula.
- A mi hermano no le cae bien su cuñada.
- A los empleados no les cayó bien el nuevo jefe.
- A mis padres les caen muy bien los vecinos del piso de arriba.

- 나는 파울라의 친구들이 맘에 안 든다.
- 내 남동생은 형수를 별로 안 좋아한다.
- 직원들은 새로운 상사가 맘에 들지 않았다.
- 부모님은 윗집 이웃들을 매우 좋아하신다.

80
caer de cabeza   머리부터 넘어지다, 거꾸로 넘어지다

A ¿Sabes que María se ha caído de cabeza por las escaleras? ✽
B ¿Qué le ha pasado?
A Ha tropezado, no ha podido agarrarse a ningún sitio y se ha ido hacia adelante.
B Pobrecilla, espero que no tenga nada grave.

A 마리아가 계단에서 머리부터 넘어졌다는 거 알아?
B 무슨 일이 있었어?
A 발에 걸려 넘어졌어. 아무 데도 잡지 못하고 앞으로 넘어졌어.
B 불쌍해라, 심각한 부상이 없길 바라.

✽ 이 문장의 por 대신에 en도 가능합니다.

Día 05

81

cambiarse de ~* ~을 바꾸다/교체하다

- Juan se ha cambiado de equipo porque estaba cansado de que el suyo siempre perdiera.
- Se ha cambiado de casa porque quería estar más cerca de sus familiares.
- Me he cambiado de vestido porque me parece que el que llevaba era demasiado informal.
- María se cambió de trabajo cuando nació su hijo porque quería un puesto de media jornada.

- 후안은 자기 팀이 항상 지는 것에 질려서 팀을 바꿨어.
- 그들은 가족들과 더 가까이 지내고 싶어서 집을 옮겼어(바꿨어).
- 나는 입고 있던 옷이 너무 캐주얼해 보여서 옷을 갈아입었어(바꿨어).
- 마리아는 아이가 태어났을 때 파트타임 근무를 원해서 직장을 바꿨어.

82

camisa de cuadros 체크무늬(바둑판) 셔츠

A Voy a llevar a la fiesta una camisa de cuadros.
B No me parece bien. Lo correcto es que, con los trajes, se lleven las camisas lisas.
A Pero yo no voy a ir con traje.
B De todas formas, las camisas de cuadros me parecen muy informales.

A 나는 파티에 체크무늬 셔츠를 입고 갈 거야.
B 그건 별로인 것 같아. 정장에는 무지 셔츠를 입는 게 맞아.
A 하지만 나 정장 안 입고 갈 거야.
B 어쨌든, 나는 체크무늬 셔츠는 너무 캐주얼해 보여.

✽ cambiar A por B의 경우라면, 'A를 B로 교체하다'라는 의미입니다. 예를 들면, Yo cambio mi coche por una moto nueva.라고 할 수 있습니다.

83

camisa de rayas   줄무늬 셔츠

A Este año se llevan mucho las camisas de rayas.
B A mí me encantan. Te hacen parecer más delgado.
A Es verdad, las rayas siempre estilizan.
B Además, las camisas de rayas se pueden llevar tanto a diario como a una fiesta.

A 올해는 (사람들이) 줄무늬 셔츠를 아주 많이 입어.
B 나는 정말 좋아해. 더 날씬해 보이게 하잖아.
A 맞아, 줄무늬는 항상 몸을 더 날씬해 보이게 해.
B 게다가, 줄무늬 셔츠는 일상에서도, 파티에서도 입을 수 있어.

84

cara oculta   숨겨진 면, 이면

- Dicen que todas las personas tienen una cara oculta, es decir, una parte íntima que nadie conoce.
- Los investigadores intentan descubrir la cara oculta de las cosas, y eso no siempre es fácil.
- Todo el mundo dice que, aunque parece muy simpático, este actor tiene una cara oculta mucho menos agradable.

- 모든 사람은 숨겨진 면이 있다고 해, 즉 아무도 알지 못하는 개인적인 부분이 있어.
- 연구자들은 사물의 이면을 밝혀내려고 하는데, 그게 항상 쉬운 건 아니야.
- 모두가 이 배우가 매우 친절해 보인다고 하지만, 그는 훨씬 덜 상냥한 숨겨진 면을 갖고 있어.

Día 05

85

casi morirse del susto
깜짝 놀라서 죽을 뻔했다

- Yo estaba tan dormida cuando sonó el despertador que casi me muero del susto.
- Me prepararon una fiesta sorpresa en mi casa y, cuando entré yo, casi me muero del susto.
- Cuando el camarero nos dio la cuenta casi nos morimos del susto.

· 알람이 울렸을 때 나는 너무 깊이 자고 있어서 깜짝 놀라서 거의 죽을 뻔했어.
· 집에서 서프라이즈 파티를 준비해 주었는데, 내가 들어갔을 때 놀라서 거의 죽을 뻔했어.
· 웨이터가 계산서를 우리에게 줬을 때, 깜짝 놀라서 거의 죽을 뻔했어.

86

celebrar de una forma original
독창적인/독특한 방법으로 축하하다

A Cuando los jugadores ganaron el campeonato, decidieron raparse el pelo.
B Eso sí que es celebrar el triunfo de una forma original.
A Ya no saben qué hacer para llamar la atención.
B Es que ya está todo inventado, es muy difícil celebrar algo de una forma original.

A 선수들이 챔피언십에서 우승했을 때 머리를 밀기로 결정했어.
B 그건 독특한 방법으로 승리를 축하하는 거네.
A 이제 그들은 관심을 끌기 위해 무엇을 할지 모르는 거야.
B 이미 모든 게 다 발명되어서 뭔가를 독창적으로 축하하는 건 정말 어려워.

87

cerrar el trato 계약을 체결하다, 거래를 성사시키다

- Necesito tu confirmación para cerrar el trato con el cliente.
- Para mí es suficiente un apretón de manos para cerrar el trato.
- No es fácil cerrar el trato porque no hay acuerdo.
- Cerraremos el trato cuando tengamos el dinero.

- 나는 고객과 계약을 체결하려면 너의 확인이 필요하다.
- 나로서는 거래를 성사시키는 데는 악수만으로도 충분합니다.
- 합의가 안 돼서 계약 체결이 쉽지 않습니다.
- 우리는 자금(돈)이 생기면 거래를 성사시킬 것입니다.

88

cliente preferente 우선 고객, 주고객

A ¿Sabes que soy cliente preferente del banco?
B Pues no, no lo sabía. ¿Cómo lo has conseguido?
A Teniendo domiciliada mi nómina y todos mis pagos.
B Claro, el banco premia tu fidelidad y te da un trato especial.

A 내가 은행의 우대 고객이라는 거 알아?
B 아니, 몰랐어. 어떻게 된 거야?
A 월급이랑 모든 결제를 자동이체로 하니까.
B 아, 그렇지. 은행이 고객 충성도에 대해 보상하고 특별 대우를 해 주는 거군.

Día 05

89

coger el vuelo 금방/바로/쉽게 이해하다

- Es muy inteligente, lo coge todo al vuelo.
- Aunque está en otro idioma, el argumento de esta película se coge al vuelo.
- A este niño no hace falta explicarle nada: coge al vuelo todo lo que le dices.

· 그는 매우 똑똑해서 모든 걸 금방 이해해.
· 다른 언어로 되어 있지만, 이 영화의 줄거리는 쉽게 이해할 수 있어.
· 이 아이에게는 설명할 필요가 없어. 말하는 것을 바로 이해하거든.

90

color claro / oscuro 밝은/짙은 색

- Me gustan los pantalones de color claro.
- Los ojos del niño son de color más oscuro que los de su mamá.
- He pintado las paredes de color claro para que dé más luz a la habitación.
- En la ropa, los colores oscuros son más elegantes, aunque los claros son más alegres.

· 나는 밝은 색 바지가 좋아요.
· 아이의 눈동자가 엄마보다 더 어두운 색이에요.
· 나는 방이 더 밝아 보이도록 벽을 밝은 색으로 칠했어요.
· 옷에서는 어두운 색이 더 우아해 보이지만, 밝은 색이 더 경쾌해요.

91

comenzar mi / tu / su andadura 첫발을 내딛다, 첫 발걸음을 시작하다

- Comenzó su andadura en la empresa cuando era muy joven.
- Los jugadores de fútbol suelen comenzar su andadura deportiva en equipos pequeños.
- Este famoso presentador de televisión comenzó su andadura en la radio.
- ¿Y tú dónde comenzaste tu andadura profesional como abogado? ¿En un despacho particular?

  - 그는 아주 어렸을 때 회사에서 첫발을 내디뎠다.
  - 축구선수들은 보통 작은 팀에서 운동선수로서의 첫 발걸음을 시작한다.
  - 이 유명한 TV 진행자는 라디오에서 첫 발걸음을 시작했다.
  - 당신은 변호사로서의 첫걸음을 어디서 시작했나요? 개인 법률사무소에서요?

92

comerse la cabeza 고민하다

- No te comas la cabeza pensando en el examen.
- Marta se come mucho la cabeza cuando discute con su novio.
- En vez de comerte la cabeza, tienes que buscar soluciones a tus problemas.

  - 시험에 대해 너무 고민하지 마.
  - 마르타는 남자친구와 다툴 때 너무 많이 고민한다.
  - 고민하는 대신에, 너는 문제에 대한 해결책을 찾아야 한다.

93

comisiones de venta   판매 수수료

- A El martes empiezo a trabajar en una nueva inmobiliaria.
- B No sabía que hubieras dejado la anterior. ❋
- A Es que no tenía comisiones de venta y ahora puedo ganar bastante dinero por cada piso que vendo.
- B Claro, es un dinero extra que viene muy bien.

- A 난 화요일부터 새로운 부동산 중개사무소에서 일하기 시작해.
- B 네가 전에 다니던 곳을 그만둔 줄 몰랐네.
- A 거기는 판매 수수료가 없었거든. 지금은 아파트 한 건 팔 때마다 꽤 많은 돈을 벌 수 있어.
- B 물론, 추가 수입이라 아주 좋아.

94

como mucho   기껏해야

- Juan tendrá, como mucho, 30 años.
- Creo que, como mucho, el autobús llegará en 10 minutos.
- Su coche habrá costado, como mucho, la mitad que el mío.
- Debes escribir, como mucho, veinte páginas.

- 후안은 기껏해야 30살일 거야.
- 버스는 기껏해야 10분 안에 올 거야.
- 그의 차는 기껏해야 내 차의 절반 가격이었을 거야.
- 너는 기껏해야 20페이지만 써야 해.

❋ 이 문장에서 habías dejado도 가능하나, hubieras라는 접속법 사용이 더 좋은 이유는 No sabía가 부정의 의미이기 때문입니다. 예를 들면, Creo que llueve/ No creo que vaya a llover.라고 할 수 있습니다.

95

cómo no   물론!, 당연하지!

A ¿Me ayudarás con la mudanza?
B ¡Cómo no! Sabes que puedes contar conmigo.
A Pero tengo muchos muebles que trasladar.
B No te preocupes.

A 너 내가 이사하는 거 도와줄 수 있어?
B 당연하지! 나한테 믿고 맡겨도 돼.
A 그런데 옮길 가구가 많아서.
B 걱정하지 마.

96

como nunca   역대급으로, 어느 때보다, 전례 없이

- Me han cortado el pelo como nunca. ¡Me encanta!
- El bebé hoy se ha portado como nunca: ha dormido toda la noche.
- Juan me dijo que el examen le ha salido como nunca y que seguro que aprueba.
- Este otoño ha llovido como nunca. Incluso ha habido algunas inundaciones.

- 머리를 어느 때보다 잘 잘랐어! 정말 마음에 들어요!
- 오늘 아기가 어느 때보다 더 잘 있었어. 밤새 잘 잤어요.
- 후안이 시험을 역대급으로 잘 봤다고 했어요. 분명히 합격할 거예요.
- 올 가을엔 전례 없이 비가 많이 왔어요. 홍수도 몇 번 있었어요.

Día 05

97

compensar los trastornos
불편/장애를 보상하다

- A Hemos tenido una avería en nuestra casa.
- B ¿Y es muy grave? ¿Tenéis que hacer una obra muy grande?
- A No, pero debemos hacer una serie de reparaciones en los próximos días que serán un poco ruidosas.
- B Pues tendréis que compensar por los trastornos que les vais a ocasionar a vuestros vecinos.

- A 우리 집에 고장이 났어.
- B 심각해? 너희들 큰 공사를 해야 하니?
- A 아니, 하지만 우리는 앞으로 며칠 동안 약간 시끄러운 수리 작업을 해야 해.
- B 그러면 이웃들에게 끼치는 불편에 대해 보상을 해야겠네.

98

complacerse en participar
참여해서 기쁘다

- A Mi empresa va a empezar a colaborar con una empresa extranjera.
- B Esa es una muy buena noticia.
- A Sí, mi empresa se complace en participar en proyectos internacionales.
- B Sin duda es una oportunidad para expandirse.

- A 우리 회사가 외국 회사와 협력하기 시작할 거예요.
- B 정말 좋은 소식이네요.
- A 네, 우리 회사는 국제 프로젝트에 참여하게 되어 기쁩니다.
- B 분명히 사업을 확장할 좋은 기회가 될 거예요.

99

comprendido(-a) entre ~ y ~ ~과 ~사이로(이해되는)

- Al período comprendido entre el siglo V y XV se le denomina Edad Media.
- Para poder acceder a estas ayudas del gobierno debes ser joven, con una edad comprendida entre los 18 y los 35 años.
- Para el examen debéis estudiar las actividades comprendidas entre las páginas 100 y 150.

- 5세기부터 15세기까지의 (이해되는) 기간을 중세시대라고 합니다.
- 이 정부 지원금을 받으려면 18세에서 35세 사이의 젊은이여야 합니다.
- 시험을 위해서는 100페이지부터 150페이지 사이의 활동들을 공부해야 합니다.

100

con (mucho) gusto 기꺼이, 기쁘게, 기쁜 마음으로

- Te acompañaré con (mucho) gusto a tu casa.
- Hemos aceptado con (mucho) gusto la invitación a cenar de nuestros vecinos.
- Me dijo que me explicaría todo lo que tenía que conocer del nuevo trabajo con (mucho) gusto.
- Volveremos a comer en este restaurante con (mucho) gusto.

- 기꺼이 집까지 데려다 드리겠습니다.
- 우리는 이웃의 저녁 초대를 기쁘게 수락했습니다.
- 새 일에 대해 알아야 할 모든 것을 기꺼이 설명해 주겠다고 했습니다.
- 우리는 이 식당에 기쁜 마음으로 다시 올 것입니다.

Día 06

101

con ~ años   ~살에

- Mi hermano fundó su propia empresa con 28 años.
- Todavía eres una persona joven con 50 años.
- La mayoría de la gente tiene su primer hijo con 30 o más años.

· 내 형은 28살에 자신의 회사를 설립했습니다.
· 50살에도 너는 여전히 젊은 사람이다.
· 대부분의 사람들은 30살 혹은 그 이상에 첫 아이를 갖습니다.

102

con creces   듬뿍, 많이, 훨씬

A Te recomiendo que leas la última novela del premio Nobel de Literatura.
B ¿Por qué? ¿Es buena?
A Ha superado con creces mis expectativas… No pensaba que me fuera a gustar tanto.
B Pues gracias por la recomendación. La leeré.

A 노벨 문학상 수상자의 최신 소설을 읽어 보는 걸 추천해.
B 왜? 좋아?
A 내 기대를 훨씬 뛰어넘었어. 이렇게까지 마음에 들 줄은 몰랐어.
B 추천해 줘서 고마워. 읽어 볼게.

103

con objeto de (que) ~

~하기 위해, ~할 목적으로, ~하도록

- Él se compró un coche eléctrico con objeto de pagar menos impuestos.
- Ellos han reformado la casa con objeto de que los niños tengan más espacio.
- Pedro salió de casa a primera hora con objeto de no encontrar atasco.
- Luis lleva una maleta pequeña con objeto de no tener que facturar.

- 그는 세금을 덜 낼 목적으로 전기차를 구매했다.
- 그들은 아이들이 더 많은 공간을 가질 수 있도록 집을 수리했다.
- 페드로는 교통 체증을 피하기 위해 이른 시간에 집을 나섰다.
- 루이스는 수하물을 부치지 않을 목적으로 작은 가방을 가져간다.

104

con la boca pequeña

진심이 아닌

- A Me han dicho que te has enfadado con tu hermano.
- B Es que tuvimos una discusión y me dijo que no volviera a su casa.
- A Seguro que lo dijo con la boca pequeña.
- B Es posible. En realidad nos queremos mucho.

- A 네가 형에게 화났다고 들었어.
- B 우리가 말다툼을 했는데, 그가 다시는 자기 집에 오지 말라고 했어.
- A 분명 진심이 아닌 말이었을 거야.
- B 그럴 수도 있겠네. 사실 우리는 많이 친하거든.

Día 06

105

con lo a gusto que ~   아주 즐겁게 ~하는데

- A Es tarde y tenemos que volver a casa.
- B ¿Por qué? Se está muy bien paseando por el parque a estas horas.
- A Sí, pero pronto va a anochecer.
- B Pues qué pena que tengamos que marcharnos. ¡Con lo a gusto que estábamos disfrutando de la naturaleza!

- A 늦었으니, 우리 집으로 돌아가야 해.
- B 왜? 이 시간에 공원을 산책하는 게 정말 좋은데.
- A 맞아, 하지만 곧 해가 질 거야.
- B 아쉽네, 우리가 가야 한다니. 자연을 즐기고 있었는데!

106

con lo + adj. que ~   그렇게 ~하면서, 아주 ~이면서

- ¡No me puedo creer que hayas visto esa película! ¡Con lo miedosa que tú eres!
- Con lo nervioso que estás, es imposible que apruebes el examen. Así no puedes concentrarte.
- No me imaginaba que hubieras dejado el gimnasio. ¡Con lo deportista que tú eres!
- Con lo tardones que son tus amigos, seguro que llegamos tarde al teatro y no nos dejan entrar.

- 나는 네가 그 영화를 봤다니 믿을 수가 없어! 너 그렇게 겁 많은데!
- 너 그렇게 긴장한 상태로는, 시험에 합격할 수 없어. 그렇게는 집중할 수 없잖아.
- 나는 네가 헬스를 그만뒀을 거라고는 상상도 못 했어. 너 그렇게 운동 좋아하는데!
- 네 친구들이 그렇게 늦는 걸 보면, 우리 극장에 늦게 도착해서 못 들어갈 거야.

107

con lo cual

~해서 (그래서)

- Nos encontramos mucho atasco en la carretera, con lo cual llegamos tarde.
- Nos hemos quedado sin ahorros, con lo cual no podremos ir de vacaciones.
- Juan ha suspendido tres asignaturas, con lo cual tendrá que repetir curso.
- María se ha roto el tobillo, con lo cual no podrá venir con nosotros a esquiar este fin de semana.

- 도로가 많이 막혀서 (그래서) 우리는 늦게 도착했습니다.
- 우리는 저축한 돈을 다 써버려서 (그래서) 휴가를 갈 수 없게 되었습니다.
- 후안이 세 과목에서 낙제해서 (그래서) 유급을 해야 합니다.
- 마리아가 발목을 다쳐서 (그래서) 이번 주말에 우리와 함께 스키를 탈 수 없게 되었습니다.

108

con mayor rapidez

더 빠르게, 더 빨리

- Debes hacer el trabajo con mayor rapidez, porque si no te quedarás atrasado.
- Me indicaron que hay una empresa que entrega los paquetes con mayor rapidez, así que voy a contactar con ellos.
- Ahora los cambios tecnológicos se producen con mayor rapidez que antes.

- 너는 더 빨리 일을 해야 한다. 그렇지 않으면 뒤처지게 될 것이다.
- 소포를 더 빨리 배달해 주는 회사가 있다고 해서, 나는 그들에게 연락해 볼 예정입니다.
- 요즘은 예전보다 기술 변화가 더 빠르게 일어납니다.

Día 06

109

con miras a ~   ~할 목적으로, ~하기 위해

- Ha cambiado de trabajo con miras a tener más posibilidades de ascenso.
- Los padres siempre actúan con miras al futuro de sus hijos.
- Me cambié de casa con miras a estar más cerca de mi trabajo.

· 그는 승진 가능성을 높일 목적으로 직장을 옮겼습니다.
· 부모들은 항상 자녀들의 미래를 위해 행동합니다.
· 나는 직장에 더 가까이 있을 목적으로 이사를 했습니다.

110

con mucha luz   햇볕이 잘 드는, 빛이 많이 드는

- Me gustan las bibliotecas con mucha luz porque así puedo leer más cómodamente.
- Las casas con mucha luz parecen más grandes.
- Las pantallas con mucha luz son perjudiciales para la vista.
- He alquilado una habitación con mucha luz porque las habitaciones oscuras me deprimen.

· 나는 빛이 많이 들어오는 도서관이 좋아요. 그래야 더 편하게 읽을 수 있거든요.
· 햇볕이 많이 드는 집은 더 커 보입니다.
· 빛이 너무 강한 화면은 시력에 해롭습니다.
· 어두운 방은 우울해져서, 나는 햇볕이 잘 드는 방을 임대했습니다.

111

con sinceridad   솔직하게, 성심껏

- Quiero que me digas, con sinceridad, lo que piensas de mis cuadros.
- Juan habla siempre con sinceridad. Es alguien en quien puedes confiar.
- Con sinceridad, ¿qué opinas de la situación política?
- Debes transmitir tus inquietudes al psicólogo con (total) sinceridad.

- 내 그림에 대해 솔직하게 말해 줘.
- 후안은 항상 성심껏 말합니다. 그는 신뢰할 수 있는 사람입니다.
- 솔직히 정치 상황에 대해 어떻게 생각하니?
- 너는 심리학자에게 너의 걱정거리를 (완전히) 솔직하게 말해야 한다.

112

con tal de que ~   ~만 한다면, ~하는 조건으로

- Con tal de que mi hijo coma, le hago su comida favorita.
- Ella le ayudó con los deberes con tal de que los terminara.
- Juan le compró una casa con tal de que se fuera de la suya.
- Te pago la peluquería con tal de que te cortes el pelo.

- 내 아이가 밥을 먹기만 한다면, 나는 좋아하는 음식을 만들어줍니다.
- 그녀는 숙제를 끝내는 조건으로 그를 도와주었습니다.
- 후안은 자신의 집에서 나가는 조건으로 그에게 집을 사주었습니다.
- 머리를 자르기만 한다면 미용실 비용을 내줄게.

Día 06

113

con todo 그렇지만, 그럼에도, 그래도

- Es muy difícil sacar buena nota en ese examen; con todo, lo voy a intentar.
- Hemos tenido un problema con el coche; con todo, esperamos llegar a tiempo.
- El futbolista se lesionó y, con todo, acabó el partido.
- Han tenido problemas de financiación, pero, con todo, han acabado de construir los pisos.

- 그 시험에서 좋은 점수를 받기가 매우 어렵습니다. 그래도 제가 시도해 보겠습니다.
- 우리는 차에 문제가 생겼어요. 그렇지만 제시간에 도착할 수 있기를 바랍니다.
- 축구 선수가 부상을 당했지만, 그럼에도 경기를 끝마쳤습니다.
- 자금 조달에 문제가 있었지만, 그래도 아파트 건설을 완공했습니다.

114

con un vivo gesto 생기 넘치는 표정으로, 강한 몸짓으로

A ¿Te has reconciliado con Juan?
B Lo he intentado, pero con un vivo gesto me ha dejado claro que no quiere volver a ser mi amigo.
A Sí, Juan es muy expresivo.
B Dice más con sus gestos que con sus palabras.

A 너 후안과 화해했어?
B 시도해 봤는데, 강한 몸짓으로 더 이상 내 친구가 되고 싶지 않다는 걸 확실히 보여 줬어.
A 응, 후안은 정말 표현력이 풍부하지.
B 그는 말보다 몸짓으로 더 많은 걸 표현해.

115

condiciones de pago 지불방식

- Me interesa este coche, pero me gustaría saber cuáles son las condiciones de pago para comprarlo.
- No pudieron comprar la casa porque el banco impuso unas condiciones de pago imposibles.
- ¿Podría explicarme las condiciones de pago para comprar este sofá? ¿Se puede pagar a plazos?

- 이 차에 관심이 있는데, 구매할 때 결제 조건이 어떻게 되는지 알고 싶습니다.
- 은행이 불가능한 결제 조건을 제시해서, 그들은 집을 살 수 없었습니다.
- 이 소파 구매를 위한 결제 조건을 설명해 주시겠어요? 할부로 결제가 가능한가요?

116

conocer(se) en persona 직접 만나다

- Ahora mucha gente se conoce por Internet pero yo creo que es mejor conocerse en persona.
- Como nuestro jefe no vive aquí, no le conocemos en persona.✱
- Me han dicho que seguramente me darán el trabajo, pero que antes quieren conocerme en persona.
- Decidieron organizar una fiesta antes de la boda para que las familias de los novios se conocieran en persona.

- 요즘 많은 사람들이 인터넷으로 만나지만, 제 생각에는 직접 만나는 게 더 좋습니다.
- 우리 사장님이 여기 살지 않아서 직접 뵌 적이 없어요.
- 나에게 확실히 일자리를 준다고 하는데, 먼저 나를 직접 만나 보고 싶다고 합니다.
- 신랑신부 가족들이 직접 만날 수 있도록 결혼식 전에 파티를 열기로 했어요.

✱ 이 문장에서 le가 직접 목적 대명사로 활용됩니다. 원래는 lo가 맞지만 스페인에서는 le를 사용하기도 합니다. 이런 경우를 leísmo라고 부릅니다.

Día 06

117

contar con   보유하다, (믿고) 의지하다, 챙기다

- Mi vecino es muy amable: me ha dicho que puedo contar con él para lo que necesite.
- Estoy enfadado porque mis amigos no han contado conmigo este fin de semana.
- Los hijos siempre pueden contar con sus padres para que les ayuden.
- ¿Finalmente puedo contar contigo este fin de semana para que me ayudes con la mudanza?

- 우리 이웃은 매우 친절해요. 필요한 일이 있으면 자기를 믿고 의지해도 된다고 했어요.
- 이번 주말에 친구들이 나를 챙기지 않아서 화가 났어요.
- 자녀들은 항상 부모님이 도움을 줄 것이라 믿고 의지할 수 있어요.
- 최종적으로 이번 주말에 내 이사를 도와줄 수 있는 것을 믿어도 돼?

118

correr a cargo de~   ~의 부담/책임/담당으로 하다

- Los gastos de gestión corren a cargo de la empresa.
- La música de la fiesta corrió a cargo de un grupo muy famoso.
- Me han dicho que, en los alquileres turísticos, la limpieza de los apartamentos corre a cargo de los inquilinos.

- 행정 관리비는 회사가 부담합니다.
- 파티 음악은 매우 유명한 그룹이 담당했습니다.
- 관광객 숙소 임대의 경우, 아파트 청소는 세입자가 책임진다고 들었습니다.

119

correrse la voz   소문이 퍼지다, 유포하다, 말이 돌다

- Se corrió la voz de que daban refrescos gratis y todo el mundo acudió.
- Se ha corrido la voz de que tendremos un nuevo jefe el año próximo.
- Espero que no se corra la voz de que voy a abandonar el equipo.
- El hotel se llenó de gente porque se corrió la voz de que allí estaba el cantante de moda.

    - 무료로 음료를 준다는 소문이 퍼져서 모든 사람들이 왔다.
    - 내년에 새로운 상사가 올 거라는 소문이 퍼졌다.
    - 내가 팀을 떠날 거라는 말이 돌지 않았으면 좋겠다.
    - 유행하는 가수가 거기 있다는 소문이 퍼져서 호텔이 사람들로 가득 찼다.

120

cortar el agua   단수하다

- Ha habido una avería y han tenido que cortar el agua de todo el edificio.
- En los lugares en los que hay sequía es frecuente que corten el agua algunas horas al día.
- Han cortado el agua sin avisar y no he podido ducharme esta mañana.

    - 고장이 나서 건물 전체를 단수해야 했습니다.
    - 가뭄이 있는 지역에서는 하루에 몇 시간씩 단수되는 것이 흔합니다.
    - 사전 통보 없이 단수해서, 나는 오늘 아침에 샤워를 못했어요.

121

corto plazo   단기간

A Juan ha abierto un restaurante.
B Pues creo que, a corto plazo, no es un buen negocio.
A Claro, al principio todo son gastos.
B Sin embargo, a largo plazo seguro que le va bien.

A 후안이 식당을 열었어요.
B 단기적으로 봤을 때는 나는 좋은 사업이 아니라고 생각해.
A 그렇지, 처음에는 지출만 있으니까.
B 하지만 장기적으로 보면, 잘 될 거예요.

122

cosa que ~   ~것을, ~일을

- Juan me aconsejó que me presentara al examen, cosa que hice.
- Él empezó a darme consejos, cosa que odio.
- Mi prima se presentó en mi casa sin avisar, cosa que no debe hacerse.
- Pedimos comida preparada, cosa que no solemos hacer normalmente.

- 후안이 나에게 시험에 응시하라고 충고했는데, 나는 그것을 했다.
- 그는 나에게 조언을 해 주기 시작했는데, 나는 그런 것을 싫어한다.
- 사촌이 예고 없이 우리 집에 찾아왔는데, 그런 일은 하면 안 된다.
- 우리는 사전 조리 음식을 주문했는데, 평소에는 그것을 하지 않는다.

123

crema para el sol 선블록 크림, 자외선 차단제

A Debes echarte crema para el sol en la cara.
B Pero si no voy a tomar el sol.
A No importa, pero el viento también puede quemarte la cara.
B Llevas razón, hay que protegerse la piel.

A 얼굴에 자외선 차단제를 발라야 해.
B 하지만 나는 햇볕을 쬐지 않을 거야.
A 상관없어, 바람도 얼굴을 태울 수 있어.
B 네 말이 맞아, 피부는 보호해야 해.

124

cualquier día de estos 조만간, 며칠 내에

A ¿Cómo estás? Hacía mucho que no nos veíamos.
B Es verdad. Llevamos una vida muy ajetreada.
A Tendríamos que intentar quedar más a menudo.
B Pues cualquier día de estos te llamo y nos vamos a comer juntos.

A 너 어떻게 지내? 우리가 못 본 지 한참 됐어.
B 그러게. 우리 너무 바쁘게 살고 있어.
A 우리 좀 더 자주 만나도록 노력해야겠다.
B 그래, 조만간 전화할게. 같이 밥 먹자.

125

cuánto más ~V1 (tanto) más ~V2

더 ~하면 할수록 더욱더 ~하다

- Cuanto más como (tanto) más engordo.
- Es una ciudad mágica: cuanto más la visitas (tanto) más ganas tienes de volver.
- Me recomendaron una novela que cuanto más la leía (tanto) más me gustaba.
- Sus problemas no tiene solución porque, cuanto más hablan, (tanto) más discuten.

· 나는 먹으면 먹을수록 살이 (더) 쩌요.
· 마법 같은 도시예요. 방문하면 할수록 (더) 다시 오고 싶어져요.
· 읽으면 읽을수록 (더) 좋아지는 소설을 나에게 추천했습니다.
· 그들의 문제는 해결책이 없어요. 더 많이 이야기할수록 (더) 많이 다투거든요.

126

cubrir las / mis / tus / sus necesidades básicas

기본적인 필요를 충족시키다

- Realmente no necesito ganar mucho, con cubrir las necesidades básicas es suficiente para mí.
- El gobierno debe velar por cubrir las necesidades básicas de los ciudadanos.
- En algunos países la población no puede ni siquiera cubrir sus necesidades básicas.

· 사실 돈을 많이 벌 필요는 없습니다. 기본적인 필요를 충족시키는 것만으로도 나에게는 충분합니다.
· 정부는 시민들의 기본적인 필요를 충족시키도록 세심히 돌봐야 한다.
· 일부 국가에서는 국민들이 기본적인 필요조차 충족할 수 없습니다.

127

cuerpo de la carta 편지 본문

- A Hoy hemos aprendido a escribir cartas formales en español.
- B Pues no debe ser fácil.
- A Bueno, es cuestión de aprender lo que hay que poner en el saludo y en la despedida porque obviamente el cuerpo de la carta es siempre es diferente.
- B Pero seguro que también hay algunas estructuras fijas.

- A 오늘 우리는 스페인어로 공식적인 편지 쓰는 법을 배웠어.
- B 그거 쉽지는 않았겠네.
- A 음, 인사말과 맺음말에 사용해야 하는 것을 배우는 게 관건이야. 당연히 편지 본문은 항상 다르니까.
- B 하지만 분명히 몇 가지 정해진 문장 구조도 있을 거야.

128

cuidar de ~   ~을 돌보다/케어하다

- Los ecologistas sostienen que no cuidamos del planeta lo suficiente.
- He contratado a una persona para que cuide de mi hijo cuando estoy trabajando.
- Cuidaré de ti mientras estés enfermo.

- 환경 운동가들은 우리가 지구를 충분히 돌보지 않는다고 주장한다.
- 나는 일할 때 아이를 돌봐 줄 사람을 고용했다.
- 네가 아프면, 내가 돌봐 줄게.

Día 07

129

dada mi / tu / su experiencia
~의 경험에 비추어, ~의 경험을 고려해

- Creo que Juan es el mejor candidato para el trabajo dada su experiencia.
- Le eligieron para dirigir la orqueta dada su experiencia previa.
- Dada mi experiencia, es muy posible que me asciendan.
- Creo que volverá a ser el capitán del equipo dada su experiencia.

· 후안의 경험을 고려해서 그가 이 일에 가장 적합한 후보라고 생각합니다.
· 이전의 경험에 비추어 오케스트라 지휘자로 그를 선출했습니다.
· 내 경험에 비추어 내가 승진할 가능성이 매우 높습니다.
· 그의 경험을 고려해서 그는 다시 팀의 주장으로 돌아올 거라 생각합니다.

130

dar a conocer
알리다, 공개하다, 소개하다

- Se supone que los congresos académicos pretenden dar a conocer los avances de la investigación.
- Dio a conocer su decisión tras pensarlo mucho.
- El escritor dio a conocer el título de su nueva novela.
- La empresa automovilística organizó una fiesta para dar a conocer su nuevo modelo de coche.

· 학술 대회는 연구의 진전을 알리는 것을 목적으로 한다고 여겨진다.
· 그는 깊이 생각한 후에 자신의 결정을 공개했습니다.
· 작가가 자신의 새 소설 제목을 공개했습니다.
· 자동차 회사가 새로운 차 모델을 알리기 위해 파티 행사를 열었습니다.

131

dar a luz   출산하다

- María ha dado a luz a gemelos.
- Antes, dar a luz era muy peligroso.
- Quería dar a luz en su casa y no en el hospital.
- Mi prima dio a luz a su hija con 40 años.

· 마리아가 쌍둥이를 출산했다.
· 예전에는 출산이 매우 위험했다.
· 병원이 아닌 집에서 출산하고 싶어 했다.
· 내 사촌은 40살에 딸을 출산했다.

132

dar clase(s)   (강의자) 수업하다

- Juan da clases en un colegio desde hace 20 años.
- A mí me dio clase un profesor muy famoso.
- Cuando das clase, es importante que los alumnos te respeten.
- Daré clases de inglés el próximo semestre.

· 후안은 20년 동안 학교에서 수업하고 있습니다.
· 매우 유명한 교수님이 나에게 수업하셨습니다.
· 네가 수업할 때는 학생들이 너를 존중하는 것이 중요하다.
· 다음 학기에 나는 영어 수업을 할 것입니다.

Día 07

133

dar comienzo a ~   ~을 시작하다

- La carrera de motos dio comienzo a las tres, como estaba previsto.
- Han dado comienzo a las obras del nuevo edificio.
- La fiesta dará comienzo a la caída de la tarde.
- El encendido de la antorcha dio comienzo a las olimpíadas.

- 오토바이 경주는 예정되었던 대로 3시에 시작했습니다.
- 새 건물의 공사가 시작되었습니다.
- 파티는 해질 무렵에 시작할 것입니다.
- 성화 점화로 올림픽이 시작되었습니다.

134

dar el alta   퇴원하다, 퇴원 허가를 내주다

- Después de muchos días en el hospital, finalmente le dieron el alta.
- Si no estás recuperado del todo no te van a dar el alta en el hospital.
- Ella pidió que le dieran el alta porque se encontraba perfectamente.

- 병원에서 오랫동안 지낸 후에 마침내 그에게 퇴원 허가를 주었다.
- 네가 완전히 회복되지 않으면 병원에서 퇴원 허가를 내주지 않을 것이다.
- 그녀는 상태가 완벽했기 때문에 퇴원을 요청했다.

135

dar el salto a ~   ~로 진출하다, 도약하다

- El jugador dio el salto al primer equipo después de una magnífica temporada.
- Hay muchos actores de televisión que dan el salto al cine.
- Tenía muchas posibilidades de ampliar su empresa, pero le dio miedo dar el salto.
- 그 선수는 훌륭한 시즌을 보낸 후 1군 팀으로 도약(승격)했다.
- 많은 TV 배우들이 영화계로 진출한다.
- 그는 사업을 확장할 수 있는 기회가 많았지만, 도약하기가 두려웠다.

136

dar igual   ~은 상관없다, 신경 쓰지 않다

- Le dio igual que su amigo le pidiera perdón.
- Dijo que le daba igual aprobar o suspender, pero no es cierto.
- Como me da igual una cosa u otra, prefiero que elijas tú el postre.
- Se fueron a la montaña porque les daba igual pasar frío.
- 친구가 사과를 해도 그는 전혀 신경 쓰지 않았다.
- 그는 합격하든 낙제하든 상관없다고 말했지만, 사실이 아닙니다.
- 나는 어느 쪽이든 상관없으니, 네가 디저트를 고르는 게 좋겠다.
- 그들은 추위를 느끼는 것을 신경 쓰지 않아서 산으로 갔다.

Día 07

137

dar importancia a ~ ~에 중요성을 두다, ~을 중요시하다

- El gobierno da importancia a los asuntos internacionales.
- No le dio importancia al dolor de espalda que sentía y al final tuvieron que operarle de urgencia.
- Hay que dar importancia a nuestra dieta porque es fundamental para tener buena salud.
- En este restaurante le damos mucha importancia al trato con el cliente.

- 정부는 국제 문제를 중요시한다.
- 그는 앓고 있는 허리 통증에 중요성을 두지 않아서, 결국 응급 수술을 받아야 했다.
- 우리의 식단에 중요성을 두어야 하는데, 건강을 위해서는 기본이기 때문이다.
- 이 레스토랑에서는 고객 서비스를 매우 중요시합니다.

138

dar la vez 차례가 되다, 순서를 (알려) 주다

- Yo estaba esperando mi turno en la pescadería, pero nadie me había dado la vez.
- Perdonen, ¿podrían decirme quién da la vez en la frutería o quién es la última persona?
- Como nadie le daba la vez en la panadería, pidió directamente lo que quería comprar.

- 나는 생선가게에서 순서를 기다리고 있었지만, 아무도 내 차례를 (알려) 주지 않았다.
- 죄송하지만, 청과물 가게에서 누구 차례인가요? 아니면 누가 마지막 손님인가요?
- 빵 가게에서 아무도 그의 순서를 (알려) 주지 않아서, 그는 바로 사고 싶은 것을 주문했다.

139

dar las gracias   감사 인사를 하다, 감사의 표시를 하다

- Los padres le dijeron al niño que debía dar las gracias al recibir el regalo.
- Me fastidia mucho que la gente no dé las gracias cuando le cedes el asiento.
- Los alumnos dieron las gracias al profesor por sus clases.
- Ella dio las gracias al conductor del autobús porque la esperó.

- 부모님은 아이에게 선물을 받을 때 감사 인사를 해야 한다고 말씀하셨다.
- 나는 자리를 양보했을 때 사람들이 감사의 표시를 하지 않는 것이 매우 짜증난다.
- 학생들은 수업에 대해 선생님께 감사 인사를 드렸다.
- 그녀는 자기를 기다려 준 버스 기사님께 감사 인사를 했다.

140

dar lecciones   교훈을 주다, 가르침을 주다, 훈계하다

- Tu hermano piensa que es la persona más inteligente del mundo y se permite dar lecciones cada vez que habla.
- Mi padre empezó a darme lecciones sobre cómo debía gestionar mis ahorros.
- No me gusta que nadie me dé lecciones sobre cómo criar a mis hijos.
- Es muy fácil dar lecciones; lo difícil es ponerlas en práctica.

- 너의 형은 자신이 세상에서 가장 똑똑하다고 생각하고 말할 때마다 교훈을 주려 한다.
- 아버지는 내게 저축을 어떻게 관리해야 하는지 가르침을 주시기 시작하셨다.
- 나는 누군가가 내 아이들을 어떻게 키워야 하는지 훈계하는 것을 좋아하지 않습니다.
- 훈계하기는 쉽지만, 어려운 것은 실천하는 것이다.

Día 08

141

dar pie a ~   ~기회/찬스를 주다,
~상황/분위기를 만들다

- A ¿Qué tal con tus nuevos vecinos?
- B Son correctos, pero no dan pie a ninguna confianza.
- A ¿Qué quieres decir?
- B Pues que a mí me habría gustado invitarles a un café para conocernos, pero no dan pie a ello.

- A 너의 새로운 이웃 사람들은 어때?
- B 그들은 예의는 바르지만, 친해질 기회를 전혀 주지 않아요.
- A 무슨 뜻이야?
- B 그게, 나는 서로 알아 가기 위해 커피 한 잔 하자고 초대하고 싶었는데, 그럴 상황을 주질 않아.

142

dar por entendido   이해했다고 여기다, 당연히 여기다,
~으로 간주하다, ~으로 알고 있다

- El profesor dio por entendido el tema y no volvió a repetirlo.
- En el banco dan por entendidas demasiadas cosas.
- Cuando se firma un contrato se da por entendido que todas las partes están de acuerdo.
- Di por entendido que tú llevabas a los niños al colegio hoy.

- 교수님은 그 주제를 이해했다고 여기고 다시 반복하지 않으셨다.
- 은행에서는 너무 많은 것들을 당연하게 여깁니다.
- 계약서에 서명할 때는 모든 당사자가 동의한 것으로 간주된다.
- 나는 네가 오늘 아이들을 학교에 데려다주는 것으로 알고 있었다.

143
dar por sentado   당연히 여기다, 당연하게 생각하다

- Hay que comprobar las hipótesis y no darlas por sentado.
- Juan dio por sentado que iría a la comida familiar, aunque yo no lo había confirmado.
- Dimos por sentado que mañana haría buen tiempo y no cogimos los paraguas.
- Ningún periódico puede dar por sentada una información.

- 가설을 검증해야 하며 당연하게 여겨서는 안 된다.
- 후안은 내가 확인도 하지 않았는데 내가 가족 식사에 갈 것이라고 당연히 여겼다.
- 우리는 내일 날씨가 좋을 거라고 당연히 생각해서 우산을 가져가지 않았다.
- 어떤 신문도 정보를 당연한 것으로 여겨서는 안 된다.

144
dar problemas   문제를 일으키다, 문제가 있다

- Ella tuvo que cambiar de coche porque el viejo empezó a darle problemas muy a menudo.
- Con la edad, la rodilla empezó a darle problemas.
- Cuando él visitó a sus amigos, prefirió ir a un hotel porque no quería dar problemas.
- El móvil le daba ya muchos problemas porque era bastante antiguo.

- 그녀는 오래된 차가 자주 문제를 일으키기 시작해서 차를 바꿔야만 했다.
- 나이가 들어서, 무릎이 문제를 일으키기 시작했다.
- 그는 친구들을 방문했을 때, 문제를 일으키고 싶지 않아서 호텔에 가는 것을 선호했다.
- 휴대폰이 꽤 오래되어서 그에게 많은 문제를 일으켰다.

Día 08

145

dar recuerdos de mi / tu / su parte
~의 안부를 전하다

A Hay una fiesta de antiguos alumnos en la universidad.
B Me encantaría ir, pero tengo otro compromiso.
A ¿Quieres que salude a alguien de tu parte?
A Sí, por favor, da recuerdos de mi parte a todos los compañeros.

A 대학교에서 동창회 파티가 있어요.
B 가고 싶지만, 다른 약속이 있어요.
A 누구한테 안부 전해 줄까요?
B 네, 부탁해요. 모든 동창들에게 안부 전해주세요.

146

dar un chapuzón
물에 뛰어들다, 물놀이를 하다

- Mañana a estas horas los chicos ya se habrán dado un chapuzón en la piscina.
- Estoy deseando que llegue el verano para darme un chapuzón en el mar.
- Nos dimos un chapuzón cuando llegamos a la playa y se nos pasó el calor.

- 내일 이맘때쯤이면 아이들이 수영장에 뛰어들어 가 있을 겁니다.
- 나는 여름이 와서 바다에서 물놀이하기를 기대하고 있다.
- 우리는 해변에 도착했을 때 물에 뛰어들었더니 더위가 가셨다.

147

dar un telefonazo   전화(한 통)하다

- No te preocupes, que te daré un telefonazo cuando esté en casa para decirte que he llegado bien.
- Dame un telefonazo cuando te den los resultados de los análisis y me cuentas.
- Juan me dijo que le diera un telefonazo antes de subir a su casa.

· 내가 집에 잘 도착했다고 알려줄 테니까 걱정하지 마, 내가 집에 도착하면 전화 한 통 할게.
· 너한테 검사 결과 나오면 전화해. 그리고 얘기해 줘.
· 후안은 집에 올라오기 전에 전화하라고 나에게 말했다.

148

dar un toque   연락하다, 전화하다

- Dame un toque cuando estés en casa para que sepa que has llegado bien.
- Le he dado un toque a Juan para ver si se viene con nosotros.
- Si ves que tardo, dame un toque, porque puedo haberme dormido.
- Te daré un toque cuando tenga más información.

· 집에 도착하면 안전하게 도착했다는 걸 알 수 있게 전화 한 번 해 줘.
· 후안에게 우리랑 올 수 있는지 확인하려고 연락했어.
· 내가 늦으면 전화 좀 해 줘, 잠들었을 수도 있거든.
· 더 많은 정보가 있으면 연락할게.

Día 08

149

dar una vuelta   한 바퀴 돌다, 산책하다

- Si quieres, damos una vuelta para estirar las piernas.
- Ellos quedaron para dar una vuelta antes de entrar al cine.
- ¿Te gustaría dar una vuelta por el parque al salir de clase?
- Ellos dieron una vuelta por el pueblo para conocer todos sus rincones.

- 네가 원한다면, 우리 다리 좀 풀 겸 산책하러 갈까?
- 그들은 영화관에 들어가기 전에 산책하기로 했습니다.
- 수업 끝나고 공원을 한 바퀴 돌아보는 것 좋겠니?
- 그들은 마을 구석구석을 알아보려고 마을을 한 바퀴 돌았어요.

150

darse cuenta de ~   ~을 알다/알아채다/깨닫다

- Ana se dio cuenta de que se había olvidado la cartera cuando fue a pagar.
- No me di cuenta de que Juan era vegetariano y puse pollo a la ensalada.
- Cuando Pedro se dio cuenta de su error, ya era demasiado tarde.

- 아나는 계산할 때가 되어서야 지갑을 깜빡했다는 것을 알아챘다.
- 후안이 채식주의자라는 걸 알아채지 못하고, 나는 샐러드에 닭고기를 넣어 버렸다.
- 페드로가 자신의 실수를 깨달았을 때는 이미 너무 늦었다.

151

darse la circunstancia de ~

~상황이 벌어지다, ~환경이 조성되다

A ¿Has veraneado en la playa este año?
B Sí, porque se ha dado la circunstancia de que un amigo me ha dejado su apartamento.
A ¡¡Vaya suerte!!
B Sí. Hemos disfrutado mucho.

A 올해 해변에서 여름 휴가 보냈어?
B 응, 친구가 아파트를 빌려줄 수 있는 상황이 되어서.
A 정말 운이 좋았네!
B 그래. 우리 정말 즐거웠어.

152

de algún modo

다른 한편, 어떻게든

- Creo que tenemos que solucionar esta situación de algún modo.
- Mario me dijo que, de algún modo, ya sabía que le iban a echar del trabajo.
- La literatura consigue que, de algún modo, viajemos con la imaginación.

- 나는 우리가 어떻게든 이 상황을 해결해야 한다고 생각합니다.
- 마리오는, 다른 한편, 자기가 해고될 거란 걸 이미 알고 있었다고 나에게 말했다.
- 문학은 다른 한편 우리가 상상으로 여행할 수 있게 한다.

Día 08

153

de buen grado　　기꺼이, 마음으로부터

- Marcos me devolvió el dinero que me debía de buen grado.
- A pesar de sus problemas anteriores, se saludaron de buen grado.
- No es fácil aceptar las críticas de buen grado.

· 마르코스는 기꺼이 내게 빚진 돈을 갚았다.
· 이전의 문제들에도 불구하고, 그들은 기꺼이 서로 인사를 나눴다.
· 비판을 마음으로부터 받아들이는 것은 쉽지 않다.

154

de calidad　　고급스러운, 성능 좋은, 품질 좋은

- Ya verás como en este supermercado tienen productos de calidad.
- Si voy al teatro quiero ver una obra de calidad.
- Te voy a llevar a un restaurante de calidad donde se come estupendamente.

· 이 슈퍼마켓에서 품질 좋은 제품들을 보게 될 거야.
· 내가 연극 극장에 가면, 고급스러운 작품을 보고 싶어.
· 내가 맛있게 먹을 수 있는 고급스러운 식당에 널 데려갈게.

155

de cualquier modo

여하간, 어쨌든, 아무래도

- Hay huelga de trenes, pero creo que, de cualquier modo, llegaremos a tiempo.
- Aunque tengo la asignatura aprobada, tengo que hacer el examen de cualquier modo.
- Él tenía mucha confianza en sí mismo, pero, de cualquier modo, entrenó todos los días para ganar el campeonato.
  - 기차 파업이 있지만, 우리는 어쨌든 제시간에 도착합니다.
  - 나는 과목은 통과했지만, 여하간 시험을 봐야 한다.
  - 그는 자신감이 많았지만, 어쨌든 대회 승리를 위해 매일 훈련했다.

156

de esta / esa manera

이 방법으로, 그런 방식으로

- Tienes que cocinar el arroz de esta manera para que esté en su punto.
- La madre le dijo a su hijo que no debía hacer las cosas de esa manera porque sus amigos podían ofenderse.
- Es importante realizar los cálculos de esta manera para que el resultado sea correcto.
- No te sientes de esa manera, porque te va a doler la espalda.
  - 너는 이 방법으로 밥을 지어야 딱 맞게 익을 거야.
  - 엄마는 아들에게 친구들이 기분 나빠할 수 있기 때문에 그런 방식으로 하지 말라고 말했다.
  - 올바른 결과가 나올 수 있도록, 이 방식으로 계산을 하는 것이 중요하다.
  - 그런 방식으로 앉지 마, 허리가 아플 거야.

Día 08

157

de forma autodidacta   독학으로

A Mi prima sabe mucho de informática.
B ¿Ha hecho alguna ingeniería?
A No, es autodidacta, lo ha aprendido todo sola.
B La verdad es que hoy en día, con internet, hay muchas posibilidades de aprender por uno mismo.

A 내 사촌은 컴퓨터를 아주 잘 알아요.
B 공학을 전공했어?
A 아니, 독학이야. 혼자 그걸 다 배웠어.
B 사실 요즘은 인터넷으로 혼자서 배울 수 있는 가능성이 많지.

158

de forma gratuita   무료로, 공짜로

- Todos los alumnos de la escuela pueden entrar de forma gratuita.
- Los miércoles se puede acceder a algunos museos de forma gratuita.
- El carné para entrar en la biblioteca se puede conseguir de forma gratuita, no hay que pagar nada.
- Los hijos de familias numerosas pueden utilizar algunos transportes de forma gratuita.

- 학교의 모든 학생들은 무료로 입장할 수 있습니다.
- 수요일에는 몇 개의 박물관을 무료로 입장할 수 있습니다.
- 도서관 출입증은 무료로 발급받을 수 있으며, 비용이 들지 않습니다.
- 다자녀 가정의 자녀들은 일부 교통수단을 무료로 이용할 수 있습니다.

159

de golpe　　　갑자기

- La puerta se abrió de golpe por el aire.
- Nos llevamos un gran susto cuando Antonio apareció de golpe.
- De golpe me acordé de que tenía que haber llevado al gato al veterinario.
- Tuvimos que llamar a la ambulancia porque se empezó a sentir mal de golpe.

- 바람 때문에 문이 갑자기 열렸다.
- 안토니오가 갑자기 나타나서 우리는 많이 놀랐다.
- 나는 고양이를 수의사에게 데려갔어야 했다는 게 갑자기 생각났다.
- 갑자기 몸이 안 좋아져서 구급차를 불러야 했다.

160

de hecho　　　사실, 결과적으로

- Me siento mal; de hecho, creo que voy a ir al médico.
- Ellos no se llevaban bien; de hecho, se acabaron divorciando.
- Ella ha viajado por todo el mundo; de hecho, ahora mismo está fuera del país.

- 난 몸이 안 좋아요; 사실, 의사한테 가봐야 할 것 같아요.
- 그들은 사이가 좋지 않았어요; 결과적으로, 결국 이혼했어요.
- 그녀는 전 세계를 여행했어요; 사실, 지금도 해외에 있어요.

Día 09

161

de inmediato   즉시, 바로

- No te preocupes, que haré el trabajo que me falta de inmediato.
- No te pongas a ver la tele ahora, que vamos a comer de inmediato.
- Juan salió por la puerta y, de inmediato, volvió a entrar porque se había olvidado algo.
- Como ella no me responda de inmediato, nunca más volveré a escribirle.

- 넌 걱정하지 마, 내가 남은 일을 바로 할게.
- 너 지금 TV 보지 마, 바로 식사할 거야.
- 후안이 문으로 나갔다가 뭔가를 잊어버려서 즉시 다시 돌아왔다.
- 그녀가 즉시 답장하지 않으면, 나는 다시는 연락하지 않을 겁니다.

162

de lo más corriente   가장 평범한, 아주 보통의

- Esta camisa es de lo más corriente; no sé por qué cuesta tanto.
- Luis se ha comprado un coche de lo más corriente a pesar de tener mucho dinero.
- Ella dice que su novio es muy guapo, pero a mí me parece un chico de lo más corriente.
- Su última novela es de lo más corriente: la habría podido escribir cualquiera.

- 이 셔츠는 아주 평범한데 왜 이렇게 비싼지 모르겠다.
- 루이스는 돈이 많은데도 아주 평범한 차를 샀다.
- 그녀는 자기 남자친구가 매우 잘생겼다고 하지만, 내가 보기에는 아주 평범한 남자다.
- 그의 최근 소설은 아주 평범해. 누구나 쓸 수 있었을 것 같아.

163

de menos a más   점점 더, 기대 이상으로

- Sus problemas de visión han ido de menos a más y ahora debe usar gafas todo el tiempo.
- Juan ha ido en el trabajo de menos a más; de hecho, ahora le han ascendido.
- Mi dolor de cabeza ha ido de menos a más, por eso he tenido que tomar un analgésico.

- 그의 시력 문제가 점점 더 심해져서 이제는 항상 안경을 써야 한다.
- 후안은 직장에서 기대 이상으로 발전했다; 결과적으로 지금은 승진했다.
- 나는 두통이 점점 더 심해져서 진통제를 먹어야 했다.

164

de momento   지금은, 현재로서는, 당분간

- Creo que, de momento, no voy a comprarme otro móvil.
- No tomaré postre de momento; me he quedado muy lleno.
- De momento, la situación está contralada.
- Me dijo que, de momento, no iba a marcharse de vacaciones.

- 난 지금은 다른 (새) 휴대폰을 사지 않을 것 같다.
- 난 지금은 디저트를 먹지 않을게; 배가 너무 불러.
- 현재로서는 상황이 통제됐다.
- 그는 당분간 휴가를 가지 않겠다고 말했습니다.

Día 09

165

de ocasión 중고의, 헌

- A ¿Has comprado ya los muebles para tu nueva casa?
- B Sí. Algunos los he podido comprar de ocasión.
- A ¿Qué quieres decir? ¿Estaban rebajados como los coches?
- B En efecto, no solo hay coches de ocasión, también hay muebles, electrodomésticos, etc.

- A 새 집 가구는 이미 구매했어?
- B 응. 몇 개는 중고로 살 수 있었어.
- A 무슨 말이야? 중고차처럼 할인된 거야?
- B 맞아, 중고 자동차뿐만 아니라 가구, 가전제품 등도 있어.

166

de primera fila 앞자리, 첫 번째 줄

- A ¿Has sacado las entradas para el teatro?
- B Sí, pero estaremos sentados bastante atrás.
- A ¿Es que no había asientos de primera fila?
- B No, ya se habían agotado todos.

- A 너 극장 표는 구했어?
- B 응, 하지만 우리 꽤 뒤쪽에 앉게 될 거야.
- A 앞자리가 없었어?
- B 응, 이미 다 매진됐어.

167

de primero (en la comida)   전채 요리로 (식사 주문)

- De primero tomaré la crema de champiñones.
- He comido tanto de primero que ya no tengo hambre.
- Hemos pedido algunas cosas para compartir de primero.

· 난 전채 요리로 버섯 크림수프를 먹겠습니다.
· 난 전채 요리를 너무 많이 먹어서 이제 배가 고프지 않습니다.
· 우리는 전채 요리로 나눠 먹을 것들을 몇 개 주문했어요.

168

de segunda mano   중고의

- La gente cada vez compra más ropa de segunda mano.
- He encontrado una librería de segunda mano con muy buenos precios.
- Han preferido comprarse un coche de segunda mano porque es más barato.
- Su piso no era nuevo, era de segunda mano, pero estaba perfecto.

· 사람들이 점점 더 중고 옷을 많이 구매합니다.
· 나는 가격이 아주 좋은 중고 서점을 찾았습니다.
· (사람들이) 더 저렴해서 중고차를 구매하는 것을 선호합니다.
· 그의 집은 새것이 아니라 중고였지만, 상태가 완벽했어요.

Día 09

169

de segundo (en la comida)
본식으로, 주요리로 (식사 주문)

- Quiero, de segundo, la pierna de cordero lechal.
- Me parece que no voy a tomar nada de segundo y voy a pasar directamente al postre.
- Ella pidió pescado de segundo.
- No me gusta nada de lo que hay de segundo en la carta.

· 나는 주요리로 어린 양고기 다리 요리를 하겠습니다.
· 나는 본식은 먹지 않고, 바로 디저트를 먹을 생각입니다.
· 그녀는 본식으로 생선을 주문했습니다.
· 나는 메뉴판에 있는 주요리가 하나도 마음에 들지 않는다.

170

de súbito
갑자기, 느닷없이

- De súbito se vio un resplandor en el cielo.
- Apareció de súbito, sin que nadie lo esperara.
- Al darse cuenta de su error, cambió de actitud de súbito.
- De súbito le empezó a subir la fiebre a él.

· 갑자기 하늘에서 빛이 번쩍이는 것이 보였다.
· 아무도 예상하지 못한 채 느닷없이 나타났다.
· 그는 자신의 실수를 깨닫고 갑자기 태도가 바뀌었다.
· 그는 갑자기 열이 오르기 시작했다.

171

de todas formas   어쨌든, 그래도

- Era un vestido muy caro, pero, de todas formas, se lo compró.
- Dijo que no vendría, aunque, de todas formas, creo que deberíamos invitarle.
- Aunque la casa es nueva, yo, de todas formas, la reformaría.

- 드레스가 매우 비쌌지만, 어쨌든 그녀는 그것을 샀다.
- 그가 안 온다고 했지만, 그래도 우리가 초대는 해야 할 것 같아.
- 집이 새것이긴 하지만, 어쨌든 나는 리모델링을 하고 싶어.

172

de todos modos   어쨌든, 그래도

- Me ha dicho que se encuentra ya bien, pero, de todos modos, la llamaré para comprobarlo.
- Han cambiado el examen para más adelante, pero, de todos modos, yo me lo voy a estudiar ya.
- Aunque no se veía luz en la casa, Juan llamó de todos modos.
- Aunque estaba lloviendo, de todos modos ella decidió salir.

- 이제 괜찮다고 했지만, 어쨌든 확인하려고 그녀에게 전화할 겁니다.
- 시험이 변경됐지만, 어쨌든 나는 지금부터 공부할 겁니다.
- 집에 불이 켜져 있지 않았지만, 그래도 후안은 문을 두드렸다.
- 비가 오고 있었지만, 어쨌든 그녀는 나가기로 했습니다.

Día 09

173

de un momento a otro   곧, 갑자기

- Me parece que va a empezar a llover de un momento a otro.
- Le dijeron que es posible que el bebé naciera de un momento a otro.
- Ellos estaban tan tranquilos y, de un momento a otro, se pusieron a discutir.

- 내 생각에는 곧 비가 올 것 같아.
- 아기가 곧 태어날 수도 있다고 그에게 말했다.
- 그들은 아주 평온했는데, 갑자기 언쟁을 벌이기 시작했어.

174

de una vez   한 번에, 단번에

- ¿Me quieres dejar tranquila de una vez? Te he dicho que no me molestes.
- Pedro hizo todos los deberes de una vez, sin descansar ni un momento.
- He conseguido que me explique de una vez por qué está enfadado conmigo.
- Luis se comió dos hamburguesas de una vez y, claro, se puso enfermo.

- 나 좀 한 번만 놔 줄래? 귀찮게 하지 말라고 했잖아.
- 페드로는 잠시도 쉬지도 않고 한 번에 모든 숙제를 끝냈다.
- 나는 단번에 그가 왜 나에게 화가 났는지 설명하도록 했다.
- 루이스는 한 번에 햄버거 두 개를 먹고 나서, 아팠다.

175

de una vez por todas

이제 드디어, 완전히, 이제야말로

- Espero que, de una vez por todas, me pagues el dinero que me debes.
- Mi hermano ha roto con su novia de una vez por todas.
- Estoy segura de que, de una vez por todas, voy a aprobar la asignatura.
- Aunque les da pena, han decidido vender la casa de una vez por todas.

- 네가 나한테 빚진 돈을 이제 드디어 갚아 주길 바란다.
- 내 동생이 여자친구와 이제 완전히 헤어졌어.
- 이번에야말로 과목을 통과할 거라고 확신해.
- 아쉽긴 하지만, 그들은 집을 이제 완전히 팔기로 결정했어.

176

debido a ~

~ 때문에

- Tuvieron que cortar la carretera debido a la nieve.
- Destituyeron al entrenador del equipo debido a los malos resultados.
- Debido a la crisis, muchas familias tuvieron que pedir ayudas sociales.
- Ellos tuvieron que pintar la casa debido a que tenía humedad.

- 눈 때문에 도로를 차단해야 했습니다.
- 성적이 안 좋기 때문에 팀 감독이 해임됐습니다.
- 위기 때문에 많은 가족들이 사회적 지원을 요청해야 했습니다.
- 그들은 습기 때문에 집을 다시 칠해야 했습니다.

Día 09

177

dejar (=quedarse) sin aliento   숨이 멎는 것 같다, 말문이 막히다

- Cuando me contó su problema me quedé sin aliento.
- Su última película es inquietante… te deja sin aliento desde la primera escena.
- Me quedé sin aliento cuando vi el coche que se había comprado.
- Nos quedamos sin aliento cuando supimos que se casaba.

· 그가 자신의 문제를 말했을 때 나는 말문이 막혔다.
· 그의 마지막 영화는 불안감이 들어 첫 장면부터 숨이 멎을 것 같다.
· 그가 산 차를 봤을 때 나는 놀라서 숨이 멎는 것 같았다.
· 그가 결혼한다는 소식을 들었을 때 우리는 (충격으로) 말문이 막혔다.

178

dejar atrás ~   ~을 뒤로 두다/남기다

- Cambiar de país también significa dejar atrás a los amigos.
- Al jubilarse dejó atrás toda una vida de trabajo como profesor.
- Cuando vas cumpliendo años a veces dejas atrás algunas ilusiones, pero otras se renuevan.
- Ellos decidieron dejar atrás los rencores y empezar de cero.

· 나라를 바꾸는 것은 친구(동료)들을 뒤에 두고 떠난다는 의미이기도 하다.
· 은퇴하면서 교수로서의 일생의 일을 뒤로 남겨 두었다.
· 나이를 먹어 가면서 몇몇 환상은 뒤에 남기지만, 다른 것들은 새롭게 피어난다.
· 그들은 원한을 뒤로하고 새롭게 시작하기로 결심했다.

179

dejar de + inf. ~것을 그만두다, ~을 끊다

- Después de muchos intentos, él consiguió dejar de fumar.
- Ella dejó de ver la televisión porque las noticias eran muy tristes.
- Hemos dejado de llamar a María por su cumpleaños porque ella no nos llama nunca.
- Luis ha decidido dejar de usar el móvil antes de acostarse porque luego no se duerme.
- 그는 여러 번의 시도 끝에 담배를 끊는 데 성공했다.
- 그녀는 뉴스가 너무 슬퍼서 TV 보는 것을 그만두었다.
- 마리아가 우리에게 전화를 전혀 하지 않아서, 우리도 그녀의 생일에 전화하는 것을 그만두었다.
- 루이스는 잠을 잘 수 없어서 잠들기 전에 휴대폰 사용을 그만두기로 결심했다.

180

dejar de lado ~ ~을 소외시키다/뒷전으로 놓다

A Estoy bastante triste.
B ¿Por qué?
A Siento que mis amigos me han dejado de lado y ya no les apetece quedar conmigo.
B Pues piensa que no te merecían y busca unos amigos nuevos.

A 나 아주 슬퍼.
B 왜?
A 내 친구들이 나를 소외시키고, 더 이상 나랑 만나고 싶어 하지 않는 것 같아.
B 그런 친구들은 너의 가치를 몰라보는 거라 생각해. 새로운 친구들을 찾아봐.

Día 10

181

dejar + inf.   ~하게 두다

- Hay que dejar correr el agua para que salga fresca.
- El profesor ha dejado salir antes a los niños.
- Su madre le dejó conducir el coche porque ya tenía carné.

- 물이 시원하게 나오도록 흐르게 두어야 합니다.
- 선생님이 아이들을 일찍 나가게 해 주셨다.
- 그의 어머니는 그가 이미 면허증이 있어서 차를 운전하게 해 주셨다.

182

dejar por fuera   밖으로 내놓다, 제외하다

- No me gusta que te dejes la camisa por fuera; no es elegante.
- Déjate el pelo por fuera de la gorra, no te cubras toda la cabeza.
- Cuando arropes al niño, debes asegurarte de que le dejas la nariz por fuera de las sábanas.

- 나는 셔츠를 바지 밖으로 내놓는 것이 마음에 들지 않는다. 품위가 없어 보인다.
- 모자 밖으로 머리를 내놓아라, 머리 전체를 가리지 마라.
- 아이를 이불로 덮을 때는, 코가 이불 밖으로 나오게 해야 한다.

183

dejar vía libre

길을 터 주다/열어 주다, 허용하다, 허락하다

- Ya no quiero casarme con María: dejo vía libre a su exnovio para que vuelva con ella.
- El profesor dejó vía libre a sus estudiantes para que emplearan la IA.
- Han dejado vía libre al gobierno para que pacte los presupuestos.
- Por fin mis padres me han dejado vía libre para que me compre una moto.

  - 이제 마리아와 결혼하고 싶지 않아. 나는 그녀의 전 남자친구가 그녀와 다시 만날 수 있도록 길을 터 줬어.
  - 교수님은 학생들이 AI를 사용할 수 있도록 허용해 주었다.
  - 그들은 정부가 예산을 협상할 수 있도록 길을 열어 주었다.
  - 드디어 부모님이 내가 오토바이를 살 수 있도록 허락해 주셨어.

184

depende de ~

~에 달려 있다, ~에 따라

- La decisión final siempre depende del juez.
- Normalmente yo no como postre, pero depende del hambre que tenga.
- Perdonar o no a Juan depende de ti.
- Depende de lo grande que sea el pavo, hay que dejarlo más o menos tiempo en el horno.

  - 최종 결정은 항상 판사에게 달려 있다.
  - 보통은 디저트를 먹지 않지만, 얼마나 배고픈지에 따라 달라진다.
  - 후안을 용서할지 말지는 너에게 달려 있다.
  - 칠면조의 크기에 따라, 오븐에 더 오래 또는 짧게 구워야 한다.

Día 10

185

desde entonces 그때부터

- El otro día me mojé con la lluvia y, desde entonces, me siento acatarrada.
- Conocí a Juan hace dos años y, desde entonces, somos buenos amigos.
- Una vez me sentó mal el queso y, desde entonces, no he vuelto a comerlo.
- Hablé con mi madre el jueves, pero desde entonces no nos hemos vuelto a llamar.
- 난 며칠 전 비에 젖었는데, 그때부터 감기 기운이 있는 것 같다.
- 나는 2년 전에 후안을 만났는데, 그때부터 우리는 좋은 친구가 되었다.
- 한번 치즈를 먹고 배탈이 났는데, 그때부터 나는 다시는 먹지 않았다.
- 나는 목요일에 어머니와 통화했는데, 그때부터 서로 전화하지 않았다.

186

desde siempre 예전부터, ~부터 줄곧

- Ana y yo somos amigas desde siempre, desde que éramos pequeñas.
- En mi casa, desde siempre, se hace paella los domingos.
- Este escritor me gusta desde siempre; tengo todas sus novelas.
- La cerradura me lleva dando problemas desde siempre. Creo que es hora de cambiarla.
- 아나와 나는 어렸을 때부터 줄곧 친구였다.
- 우리 집에서는 예전부터 (늘) 일요일마다 빠에야를 만들어 왔다.
- 이 작가는 예전부터 좋아했다. 그의 소설을 모두 가지고 있다.
- 자물쇠가 예전부터 계속 문제를 일으켜 왔어. 이제 바꿔야 할 때인 것 같아.

187
día de puertas abiertas ~공개일, ~오픈

- En día de puertas abiertas para la clase, todas las actividades son gratuitas.
- Han organizado un día de puertas abiertas para dar a conocer la empresa.
- Me han dicho que debo dar una conferencia para el día de puertas abiertas de la Universidad.

  - 수업 공개일에는 모든 활동이 무료입니다.
  - 회사를 소개하기 위해 오픈하우스를 준비했습니다.
  - 대학교 오픈캠퍼스 날에 강연을 해야 한다고 나에게 말했다.

188
día / mes / año consecutivo 일/개월/년 연속

- Ellos han ganado el campeonato por cuarto año consecutivo.
- Es el tercer año consecutivo que venimos a esta playa.
- Es el segundo día consecutivo que llego tarde al trabajo.
- Juan lleva dos meses consecutivos sin pagar el alquiler.

  - 그들은 4년 연속으로 선수권 대회에서 우승했다.
  - 우리는 3년 연속으로 이 해변에 오고 있다.
  - 나는 이틀 연속으로 직장에 늦게 도착했다.
  - 후안은 2개월 연속으로 월세를 내지 않고 있다.

Día 10

189

dirigido a ~   ~을 향한/겨냥한

- Como la carta iba dirigida a mi hermano, no quise abrirla.
- Todos los meses el presidente da un discurso dirigido a la población.
- Me di cuenta de que su reproche estaba dirigido a mí, pero no hice caso.
- Este anuncio está claramente dirigido a los jóvenes.

- 그 편지가 내 형에게 보내진(향한) 것이라서 열고 싶지 않았다.
- 대통령은 매달 국민들을 향한 연설을 합니다.
- 그의 비난이 나를 향한 것이란 걸 알았지만, 신경 쓰지 않았다.
- 이 광고는 분명히 젊은이들을 겨냥한 것이다.

190

dirigirse a ~   (편지, 메일 등에서) ~에게 연락하다, ~로 (향해) 가다

- A ¿A dónde te diriges tan deprisa?
- B Me dirijo a la oficina de correos.
- A Pues creo que ya está cerrada.
- B Entonces intentaré ir antes la próxima vez.

- A 그렇게 급하게 어디 가는 거야?
- B 우체국에 가는 중이야.
- A 근데 이미 문 닫았을 것 같은데.
- B 그럼 다음에는 좀 더 일찍 가 봐야겠다.

191

disfrutar de ~   ~을 누리다/즐기다

- Hemos venido a disfrutar del sol y de la playa.
- Nada me gusta más que disfrutar de un buen libro.
- Cuando los niños se duermen, es el único momento en que disfruto de un poco de silencio.
- Cuando acabé la carrera, disfruté de una beca para hacer el doctorado.

- 우리는 태양과 해변을 즐기러 왔습니다.
- 좋은 책을 즐기는(읽는) 것보다 더 좋은 건 없다.
- 아이들이 잠들었을 때가 내가 약간의 조용함을 즐길 수 있는 유일한 시간이다.
- 내가 대학을 졸업했을 때, 박사 과정을 위한 장학금의 혜택을 받았다 (누렸다).

192

dormirse (parte del cuerpo)   (신체 부위)~이 저리다

- Estoy un poco preocupada porque últimamente se me duermen mucho las manos.
- De llevar tanto tiempo al bebé, se le durmieron los brazos.
- Por una mala postura, se me durmió la pierna y no podía ponerme de pie.

- 나는 요즘 손이 자주 저려서 좀 걱정이에요.
- 아기를 오래 안고 있어서 그의 팔이 저려 왔어요.
- 자세가 나빠서 나는 다리가 저려 일어설 수가 없었어요.

193

echar de menos   그리워하다

- Juan volvió a su pueblo porque echaba de menos a su familia.
- El niño no podía dormir porque echaba de menos sus juguetes.
- ¿Por qué no viniste a la fiesta? Te echamos de menos.
- Echo de menos nuestras charlas después del trabajo.

- 후안은 가족이 그리워서 고향으로 돌아갔다.
- 아이는 장난감이 그리워서 잠을 이룰 수 없었다.
- 왜 파티에 안 왔어? 우리가 너를 그리워했어.
- 나는 퇴근 후의 우리 대화가 그립다.

194

echar la vista atrás   과거를 돌아보다/뒤돌아보다

- Cuando echo la vista atrás, me doy cuenta de todo el tiempo que he perdido.
- El pasado no puede cambiarse, así que no sirve de nada echar la vista atrás.
- Carlos echó la vista atrás y se dio cuenta de que aquellas fueron sus mejores vacaciones.
- Si no echas la vista atrás no aprenderás de tus errores.

- 과거를 돌아보면, 내가 얼마나 많은 시간을 낭비했는지 깨닫게 됩니다.
- 과거는 바꿀 수 없으니, 뒤돌아보는 것은 소용없습니다.
- 카를로스는 과거를 돌아보며 그때가 자신의 최고의 휴가였다는 것을 깨달았습니다.
- 과거를 돌아보지 않으면 실수로부터 배울 수 없을 것입니다.

195

echar una mano   도와주다

- Esta tarde no podré ir al mercado porque mi hermana me ha pedido que le eche una mano.
- ¿Podrías echarme una mano con la gramática? Es que no entiendo estos ejercicios.
- Es importante saber que alguien te puede echar una mano si lo necesitas.
- Hemos echado una mano con las maletas a unos viajeros ancianos.

- 오늘 오후에는 나는 시장에 못 갈 거예요. 여동생이 도와 달라고 했거든요.
- 너 나한테 문법 좀 도와줄 수 있어? 이 문제들을 이해하지 못하겠어.
- 네가 무언가 필요할 때 누군가가 도움을 줄 수 있다는 것을 아는 것은 중요해.
- 우리는 몇몇 연세 드신 여행객들의 짐을 도와드렸습니다.

196

echar una ojeada   훑어보다, 대충 보다

- Luis se quedó echando una ojeada a los periódicos del día.
- Nunca dejamos a los niños solos en el parque; siempre se queda uno echando una ojeada. ✱
- Tengo que echar una ojeada a mi armario, porque creo que hay mucha ropa que ya no me sirve.
- Déjame echar una ojeada a tu trabajo antes de que lo entregues.

- 루이스는 당일 신문들을 훑어보고 있었다.
- 우리는 절대 공원에서 아이들을 혼자 두지 않습니다. 항상 누군가 지켜보고(훑어보고) 있습니다.
- 나는 내 옷장을 훑어봐야겠어요. 더 이상 맞지 않는 옷들이 많이 있을 것 같거든요.
- 제출하기 전에 네 과제를 한번(대충) 봐 줄게.

✱ 이 문장에서 uno는 우리들 중 한 명이라고 이해할 수 있습니다. 즉, 특정한 누군가가 아니라 어느 한 명이라는 의미입니다. 다음 사이트를 참조하세요. https://www.rae.es/dpd/uno

Día 10

197

ediciones anteriores
지난/이전 대회

- Tienen que venir aquellas personas que han ganado en ediciones anteriores.
- El premio quedó desierto en ediciones anteriores.
- Cada vez que empieza una nueva temporada de la serie, te resumen lo que pasó en ediciones anteriores.

- 지난 대회에서 우승한 사람들은 와야 합니다.
- 이전 대회에서는 상을 수상한 사람이 없었습니다.
- 시리즈의 새로운 시즌이 시작될 때마다 이전 회차에 일어난 일을 요약해 줍니다.

198

ejemplar firmado
서명한 책/서류

- Tengo un ejemplar firmado de la última novela de mi autor favorito.
- Los ejemplares firmados tienen más valor.
- En las ferias del libro es posible conseguir ejemplares firmados de muchos escritores.

- 저는 제일 좋아하는 작가의 마지막 소설에 서명된 한 권을 가지고 있습니다.
- 서명된 책들은 더 가치가 있습니다.
- 책 박람회에서는 많은 작가들의 서명된 책을 구할 수 있습니다.

199

el impacto medioambiental
환경적 영향, 환경에 미치는 영향

- Hace falta más tiempo para conocer el impacto medioambiental que tendrá el vertido.
- El impacto medioambiental de la acción del hombre es terrible.
- Antes nadie se preocupaba por el impacto medioambiental de los combustibles fósiles.
- Debemos educar a las nuevas generaciones sobre el impacto medioambiental que tiene no reciclar.

- (기름) 유출의 환경적 영향을 알기 위해 더 많은 시간이 필요합니다.
- 인간 활동의 환경적 영향은 심각합니다.
- 과거에는 화석 연료의 환경적 영향에 대해 걱정하는 사람이 없었습니다.
- 우리는 재활용을 하지 않는 것이 환경에 미치는 영향에 대해 새로운 세대에게 교육해야 합니다.

200

el otro día / otro día
(과거) 어느 날, (미래) 어느 날/다른 날

- El otro día me encontré con mi vecino y no me saludó.
- El otro día llegué tarde a clase y el profesor no me dejó entrar.
- Han aplazado el examen para otro día.
- Necesito otro día más para acabar mi tarea.

- 어느 날 이웃을 만났는데 인사를 하지 않았다.
- 어느 날 나는 수업에 늦게 도착했더니, 선생님이 들어오지 못하게 했습니다.
- 시험이 다른 날로 연기되었습니다.
- 나는 과제를 끝내려면 하루(다른 날) 더 필요하다.

Día 11

201

el plazo de inscripción　　등록 기간, 신청 기간

- Ya está abierto el plazo de inscripción para los nuevos cursos.
- Se me ha olvidado que hoy terminaba el plazo de inscripción para el viaje.
- Debemos crear una alerta en nuestro móvil con el plazo de inscripción para hacer la matrícula de la universidad.
- 새로운 과정의 등록 기간이 이미 열렸습니다.
- 나는 오늘이 여행 신청 기간이 끝나는 것을 잊어버렸어요.
- 우리는 대학 등록을 위해 등록 기간을 휴대폰에 알림으로 설정해야 합니다.

202

en apariencia　　외견상, 겉보기에

- Me enseñó su examen y, al menos en apariencia, todas las respuestas eran correctas.
- Escuché mucho ruido en la escalera, me asomé y, en apariencia, no pasaba nada.
- No entiendo por qué se han separado porque, en apariencia, no tenían problemas.
- 그는 자신의 시험지를 보여줬는데, 적어도 겉보기에는 모든 답이 맞았다.
- 나는 계단에서 큰 소리를 들었고, 내다봤는데, 겉보기에는 아무 일도 없었다.
- 나는 왜 그들이 헤어졌는지 이해가 안 돼요. 외견상 그들은 문제가 없었거든요.

203

en calidad de ~   ~자격으로

- Juan tuvo que ir a un juicio en calidad de testigo.
- En calidad de profesora de su hijo, tengo que darle la enhorabuena por sus magníficos resultados.
- Denunciamos en calidad de perjudicados a nuestro vecino por el ruido que hace.
- Ustedes tienen que respetar mis decisiones porque les hablo en calidad de responsable del proyecto.

- 후안은 증인 자격으로 재판에 참석해야 했습니다.
- 아들의 선생님 자격으로서, 그의 훌륭한 성적에 축하를 드려야겠습니다.
- 우리는 피해자 자격으로 이웃의 소음에 대해 고발했습니다.
- 저는 프로젝트 책임자 자격으로, 여러분이 제 결정을 존중해야 한다고 말씀드립니다.

204

en contra de ~   ~에 반대되는, ~과 달리

- Estoy en contra de la posibilidad de ampliar la jornada laboral.
- Los ciudadanos se muestran en contra de que les aumenten los impuestos.
- En contra de tu opinión, creo que no debemos vender el coche.
- En contra de lo que se esperaba, el fin de semana llovió muchísimo.

- 나는 근무 시간 연장 가능성에 반대합니다.
- 시민들은 세금 인상에 반대하는 태도를 보인다.
- 너의 의견과 반대로, 나는 우리가 차를 팔지 말아야 한다고 생각한다.
- 예상과는 달리, 주말에 비가 매우 많이 왔습니다.

Día 11

205

en contraste   대조적으로

A ¿Qué te parecería que este año no fuéramos a la playa?
B Creo que toda la familia quiere pasar el verano en la playa.
A Pues, en contraste con la opinión general, yo pienso que deberíamos cambiar de destino e ir a la montaña.
B Dudo que puedas convencerles…

A 올해에 해변에 가지 않았던 것이 너는 어땠어?
B 나는 가족 모두가 여름을 해변에서 보내고 싶어 한다고 생각해.
A 음, 대다수의 의견과는 대조적으로, 나는 목적지를 바꾸거나 산으로 가야 한다고 생각해.
B 나는 네가 그들을(가족들을) 설득할 수 있을 것 같진 않네……

206

en cuanto ~   ~하자마자, ~하는 대로

- En cuanto tenga un momento llamaré a mi madre.
- Me fui a dormir en cuanto terminó la película.
- Juan se compró un coche en cuanto tuvo dinero para ello.
- Ellos se dieron cuenta de que se habían olvidado las llaves dentro en cuanto cerraron la puerta del piso.

- 나는 시간이 나는 대로 어머니께 전화드리겠습니다.
- 난 영화가 끝나자마자 잠자리에 들었습니다.
- 후안은 돈이 생기자마자 차를 샀습니다.
- 그들은 아파트 문을 닫자마자 열쇠를 안에 두고 왔다는 것을 깨달았습니다.

207

en cuanto a ~   ~에 관련해서, ~측면에서

A Han dicho que van a cerrar la fábrica.
B Pues es una muy mala noticia. ¿Tú qué piensas?
A Creo que tendrá un impacto muy negativo en cuanto a la economía.
B Sí, yo también opino lo mismo.

A 공장을 폐쇄할 거라고 하네.
B 그건 아주 안 좋은 소식인데. 너는 어떻게 생각해?
A 경제적인 측면에서 매우 부정적인 영향을 미칠 것 같아.
B 맞아, 나도 같은 생각이야.

208

en efecto   실제로

- Él dijo que llovería y, en efecto, llovió.
- En efecto, hoy es el cumpleaños de Juan.
- Él empezó a hacer deporte y, en efecto, mejoró su salud.

- 그는 비가 올 거라고 했고, 실제로 비가 왔다.
- 실제로 오늘은 후안의 생일이다.
- 그는 운동을 시작했고, 실제로 건강이 좋아졌다.

209

en el día a día 일상생활에서, 일상으로

- Procuramos pasar tiempo juntos en el día a día porque es importante para las parejas.
- Le dije a mi amiga que no hay que hacer un drama, que todo el mundo tiene problemas en el día a día.
- En el día a día intentamos que nuestros hijos usen sus móviles de manera responsable.

· 우리는 일상생활에서 함께 시간을 보내려고 노력합니다. 그것이 부부(연인)들에게 중요하기 때문입니다.
· 나는 친구에게 드라마틱하게 만들 필요 없다고, 모든 사람이 일상에서 문제가 있다고 말했습니다.
· 우리는 일상생활에서 아이들이 휴대폰을 책임감 있게 사용하도록 노력하고 있습니다.

210

en función de ~ ~에 따라

- Debes gastar en función de tus ingresos; no más.
- En función de las notas que obtengas podrás pedir la beca.
- Decidiremos si salimos a pasear en función del tiempo que haga.
- Ella saldrá del hospital en función de lo que digan los médicos.

· 너는 수입에 따라 지출해야 한다. 그 이상은 안 된다.
· 너는 네가 얻은 성적에 따라 장학금을 신청할 수 있다.
· 우리는 날씨에 따라 산책을 나갈지 결정하겠습니다.
· 그녀는 의사들의 소견에 따라 퇴원하게 될 겁니다.

211

en la más alta definición

최상급으로, 최고 해상도로

A Me he comprado un nuevo televisor.
B Pero si lo tenías nuevo.
A Sí, pero es que con este puedo verlo todo en (la más) alta definición.
B La verdad es que debe ser increíble ver las películas, los deportes, los documentales… de manera tan nítida.

A 나, 새 TV를 샀어.
B 하지만 너는 새것이 있지 않니?
A 응, 하지만 이걸로는 모든 걸 최고 화질로 볼 수 있어.
B 영화나 스포츠, 다큐멘터리를 그렇게 선명하게 보는 게 정말 대단할 것 같아.

212

en la medida de lo posible

가능한 방법으로, 가능한 한

- Creo que, en la medida de lo posible, deberíamos coger el tren de las 8.
- En la medida de lo posible, intentaremos entregar el proyecto en mayo.
- Les dije que, en la medida de lo posible, me mantuvieran el horario del año anterior.
- Van a procurar que las obras afecten al menor número de personas, en la medida de lo posible.

- 내 생각엔 가능한 한 아침 8시 기차를 타야 할 것 같습니다.
- 우리는 가능한 방법으로 5월에 프로젝트를 제출하도록 하겠습니다.
- 나는 가능한 한 작년과 같은 시간표를 유지해 달라고 말했습니다.
- 가능한 한 공사가 최소한의 사람들에게만 영향을 미치도록 할 예정입니다.

Día 11

213

en línea *(=on-line)* 온라인

- El año próximo mis clases serán *on-line*, no tendré que ir presencialmente a clase.
- Los jefes programaron una reunión en línea.
- Ahora los trabajos grupales se hacen en un solo documento que se va modificando en línea.

- 내년에는 수업이 온라인으로 진행될 거예요. 직접 교실에 가지 않아도 됩니다.
- 상사들이 온라인 회의를 예약했습니다.
- 이제 그룹 과제는 온라인으로 수정할 수 있는 하나의 문서로 작업합니다.

214

en lo que va de (expresión de tiempo) ~(기간) 동안에, ~에 들어서

- Me he puesto enferma dos veces en lo que va de mes.
- En lo que va de año, él ha estado en diez países distintos.
- Nos hemos encontrado tres veces a Juan en lo que va de día.
- Él ha ganado dos carreras en lo que va de temporada.

- 나는 이번 달에 들어서 두 번이나 아팠다.
- 올해 들어서 그는 10개의 다른 나라를 방문했다.
- 오늘 하루 동안 우리는 후안을 세 번이나 마주쳤다.
- 이번 시즌에 들어서 그는 두 번의 경주에서 우승했다.

215

en los próximos días

조만간, 며칠 안에

- En los próximos días llegará el pedido que hicimos el mes pasado.
- Tendremos un examen de recuperación en los próximos días.
- Dicen que va a volver a llover en los próximos días.
- Nos han asegurado que, en los próximos días, se solucionará el problema con la electricidad.

- 며칠 안에 우리가 지난달에 주문한 물건이 도착할 것입니다.
- 우리는 조만간 재시험을 치를 것입니다.
- 며칠 안에 다시 비가 올 거라고 합니다.
- 며칠 안에 전기 문제가 해결될 것이라고 우리에게 확신했습니다.

216

en lugar de ~

~대신에

- En lugar de cama de matrimonio, ese cuarto tenía dos camas pequeñas.
- He decidido que voy a estudiar francés en lugar de alemán porque es más fácil.
- Finalmente pediré pescado en lugar de carne.
- En lugar de estar estudiando, se pasa la vida de fiesta.

- 더블침대 대신에 그 방에는 작은 침대가 두 개 있었습니다.
- 나는 독일어 대신에 프랑스어가 더 쉬워서 프랑스어를 공부하기로 결정했습니다.
- 나는 결국 고기 대신에 생선을 주문할 것입니다.
- 그는 공부하는 대신에 파티만(놀기만) 하면서 살고 있습니다.

Día 11

217

en menos de ~   ~(기간)도 안 되어, ~ 안에

- Construimos ese puente en menos de dos años.
- Ellos quieren tener otro bebé en menos de un año.
- ¿Has pensado que en menos de un año habremos acabado la carrera?
- La editorial les dijo que el libro debía estar acabado en menos de un año.

- 우리는 2년도 안 되어 그 다리를 건설했습니다.
- 그들은 일 년 안에 다른 아기를 갖고 싶어 합니다.
- 너는 일 년도 안 되어 우리가 대학을 졸업할 거라는 걸 생각했니?
- 출판사는 일 년 안에 책을 완성해야 한다고 그들에게 말했습니다.

218

en mi / tu / su lugar ~대신, ~을 대신해서

- Como estabas enfermo, Juan hizo el trabajo en tu lugar.
- Pedro acudió a la cita en mi lugar y dio las explicaciones oportunas.
- No jugó el portero titular; lo hizo el suplente en su lugar.
- No quiero que nadie responda en mi lugar: me han preguntado a mí.

- 네가 아팠기 때문에 후안이 네 대신 일을 했어.
- 페드로가 내 대신 약속에 가서 필요한(적절한) 설명을 했어.
- 주전 골키퍼가 경기를 하지 않았어. 그 대신 후보 선수가 했어.
- 내게 물어본 거니까 누구도 내 대신 대답하는 걸 원하지 않아.

219

en pocas palabras 간단히 말해서

A ¿Se ha llegado a algún acuerdo después de la reunión?
B Creo que no van a subir los sueldos ni van a cambiar los horarios.
A O sea que, en pocas palabras, todo va a seguir igual.
B Me temo que sí.

A 회의 후에 어떤 합의가 이루어졌나요?
B 급여도 인상하지 않고 근무 시간도 바꾸지 않을 것 같아요.
A 간단히 말해서, 모든 것이 똑같이 유지된다는 거네요.
B 그래서, 걱정됩니다.

220

en poco más de ~ años   ~년 조금 지나서, ~년 조금 넘으면

- ¿Te has dado cuenta de que en poco más de dos años nuestro hijo estará en la universidad?
- En poco más de cinco años habremos acabado de pagar la casa.
- Me han dicho que las obras estarán terminadas en poco más de tres años.
- Juan quiere regresar definitivamente a España y piensa hacerlo en poco más de un año.

- 2년 조금 넘으면 우리 아들이 대학에 갈 거라는 걸 (너는) 알고 있니?
- 5년 조금 넘으면 우리는 집 대출금을 다 갚을 겁니다.
- 3년 조금 넘으면 공사가 끝날 거라고 들었습니다.
- 후안은 스페인으로 완전히 돌아가길 원하는데 1년 조금 넘어서 그렇게 할 생각입니다.

Día 12

221

en poco menos de ~ meses / años ~개월/년도 조금 안 돼서, ~개월/년 채 안 돼서

- En poco menos de dos meses estaremos de vacaciones.
- El bebé nacerá en poco menos de un mes.
- Ellos se conocieron en verano y en poco menos de un año ya se habían casado.

- 2개월 채 안 되어 우리는 방학이 될 겁니다.
- 한 달 채 안 되어 아기가 태어날 거예요.
- 그들은 여름에 만났고 1년 채 안 되어 결혼했습니다.

222

en poco tiempo 얼마 안 있어, 곧, 짧은 시간 안에

- Creo que los nuevos destinos saldrán en poco tiempo.
- La manera de dar clase ha cambiado mucho en poco tiempo por las nuevas tecnologías.
- Ella dijo que, en poco tiempo, había perdido tres veces las llaves de su casa.
- En poco tiempo tendremos la información que necesitamos.

- 얼마 안 있어 새로운 발령이 나올 것입니다.
- 새로운 기술로 인해 수업 방식이 짧은 시간 안에 많이 변했습니다.
- 그녀는 짧은 시간 동안 집 열쇠를 세 번이나 잃어버렸다고 했어요.
- 곧 우리가 필요한 정보를 얻게 될 것입니다.

223

en práctica

사실상, 실제로, 실행되는

- Este evento, en práctica en casi toda España, incluye un recorrido en bicicleta.
- Juan puso en práctica todas sus habilidades para conseguir el trabajo.
- Debemos aprender a poner en práctica las reglas gramaticales que hemos aprendido.

· 스페인 전역에서 실행되는 이 행사는 자전거 코스를 포함합니다.
· 후안은 일자리를 얻기 위해 자신의 모든 능력을 실행에 옮겼습니다.
· 우리는 우리가 배운 문법 규칙들을 실제로 활용하는 법을 배워야 합니다.

224

en tanto que ~

~할 때까지, ~ 동안, ~할 수 있을 때

- Cuida del niño en tanto que llego.
- Atiende tú el teléfono en tanto que salgo a comer.
- En tanto que puedas, viaja por el mundo.

· 내가 도착할 때까지 아이를 돌봐 줘.
· 내가 점심 먹으러 나가는 동안 전화 좀 받아 줘.
· 할 수 있을 때 세계를 여행해.

Día 12

225

en todos los sentidos 모든 면에서

- La película me encantó en todos los sentidos: los actores son muy buenos, la historia es muy interesante…
- Después de disfrutar del sol y la playa creo que estas vacaciones han sido estupendas en todos los sentidos.
- Se han sentido decepcionados con Juan en todos los sentidos: no les ha ayudado en nada.

- 그 영화는 모든 면에서 정말 좋았어. 배우들도 아주 훌륭하고, 이야기도 매우 흥미롭고……
- 태양과 해변을 즐긴 후에 이번 휴가는 모든 면에서 훌륭했다고 생각해.
- 그들은 후안에게 모든 면에서 실망했어. 그는 아무것도 도와주지 않았거든.

226

en un par de días 이틀 안에

- En un par de días llegarán sus familiares del pueblo.
- El profesor ha dicho que nos dará las notas en un par de días.
- Me aseguraron que en un par de días me ingresarían el dinero que me corresponde.
- El mal tiempo volverá en un par de días.

- 이틀 안에 마을에서 가족들이 도착할 겁니다.
- 교수님이 이틀 안에 성적을 알려 주신다고 하셨다.
- 그들이 이틀 안에 내가 받을 돈을 입금해 주겠다고 약속했습니다.
- 이틀 안에 날씨가 다시 안 좋아질 것이다.

227

en vez de ~   ~대신에

- Luis se leyó un resumen en vez del libro.
- Me he equivocado y he echado sal en el café en vez de azúcar.
- En vez de ir al cine como tenían pensado, ellos fueron a pasear.
- Es de esas personas que prefieren ocultar sus problemas en vez de contarlos.

  - 루이스는 책 대신 요약본을 읽었다.
  - 제가 실수로 설탕 대신에 커피에 소금을 넣었습니다.
  - 계획한 대로 영화를 보러 가는 대신 그들은 산책을 갔다.
  - 그는 문제를 이야기하는 대신에 숨기는 걸 선호하는 사람 중 하나입니다.

228

en vista de ~   ~을 보아, ~을 고려해서, ~을 감안해

- Han decidido prohibir la subida a la montaña en vista de las condiciones climáticas.
- En vista de lo caro que fue el restaurante, no volvieron más.
- El juez decidió condenarle en vista de todas las pruebas.
- En vista de que él no mejoraba, le llevaron al hospital.

  - 기상 조건을 고려하여 산에 오르는 것을 금지하기로 결정했습니다.
  - 식당이 비쌌던 것을 고려해서 그들은 다시는 가지 않았다.
  - 판사는 모든 증거를 고려하여 그에게 유죄 판결을 내렸다.
  - 그가 상태가 좋아지지 않는 것을 감안해 병원에 데려갔어요.

Día 12

229

entre las consecuencias predecibles
예측 가능한 결과

- Tras las lluvias, los cortes de carretera se intuían entre las consecuencias predecibles.
- Con esa actitud podía entenderse entre las consecuencias predecibles que le echaran del trabajo.
- La subida de precios se encontraba entre las consecuencias predecibles de la crisis.

· 비가 내린 후, 도로 차단은 예측 가능한 결과 중 하나로 여겨졌다.
· 그런 태도로 인해 그가 직장에서 해고되는 것이 예측 가능한 결과로 이해된다.
· 물가 상승은 위기의 예측 가능한 결과이다.

230

eso y mucho más
그 외에도 더 많은, 그것뿐만 아니라 (더)

A Acabo de presenciar una discusión de tráfico.
B Ay, ¡qué desagradables son esas situaciones! Siempre se echan la culpa los unos a los otros.
A Bueno, eso y mucho más… Con decirte que ha tenido que llegar la policía.
B No me extraña nada.

A 방금 차사고로 다툼을 목격했어.
B 아휴, 그런 상황 정말 불쾌하지! 항상 서로에게 책임을 떠넘기잖아.
A 뭐, 그것뿐만이 아니야…… 경찰이 와야 할 정도였다니까.
B 전혀 놀랍지 않네.

231

esta es la razón por la que ~   ~하는 그 이유이다

- A Juan se ha roto una pierna.
- B ¡Claro! Esta es la razón por la que no le vi en la excursión del otro día.
- A Es que casi no puede andar.
- B Ahora lo entiendo… ¡¡a ver si mejora pronto!!

- A 후안의 다리가 부러졌어.
- B 아하! 그래서 저번에 소풍에서 그를 못 본 것이 그 이유이구나.
- A 거의 걸을 수가 없대.
- B 이제 이해가 되네…… 빨리 회복되길 바라!

232

estado civil   호적 상태

- Antes casi todo el mundo tenía como estado civil soltero, casado o viudo, pero ahora hay muchos divorciados.
- Ya nadie te pregunta el estado civil porque es una cuestión muy personal.
- Antes aparecía el estado civil en los documentos de identificación.

- 예전에는 거의 모든 사람의 호적 상태가 미혼, 기혼, 또는 사별이었지만, 지금은 이혼한 사람도 많습니다.
- 이제는 호적 상태를 묻는 사람도 없어요. 아주 개인적인 문제이니까요.
- 예전에는 신분증에 호적 상태가 표기되었다.

Día 12

233

estar / quedarse hecho(-a) polvo

녹초가 되다, 지치다

- No he podido dormir nada con el catarro, así que me he levantado hecha polvo.
- Cuando le dejó la novia, mi amigo estuvo hecho polvo bastante tiempo.
- Al decirle que no le darían el trabajo, se quedó hecho polvo, porque no se lo esperaba.
- Al acabar la carrera, todos los atletas estaban hechos polvo.
- 나는 감기 때문에 잠을 하나도 못 자서 녹초가 돼서 일어났다.
- 여자친구가 떠난(헤어진) 후에 제 친구는 한동안 완전히 지쳐 있었어요.
- 그가 그 일을 못 얻게 됐다는 말을 듣고는, 전혀 예상하지 못해서 녹초가 되었습니다.
- 경주가 끝났을 때 모든 선수들이 지쳐 있었습니다.

234

estar / quedarse hecho(-a) un desastre

엉망이다, 지저분하다

- Cuando ella terminó de preparar la comida, la cocina estaba hecha un desastre.
- Al acabar la obra, la casa estaba hecha un desastre: había polvo por todas partes.
- Déjame que me arregle un poco antes de salir, que ahora mismo estoy hecha un desastre.
- Tras las rebajas, las tiendas se quedan hechas un desastre, con toda la ropa revuelta.
- 그녀가 음식 준비를 끝냈을 때, 주방은 엉망이 되어 있었다.
- 공사가 끝났을 때 집은 엉망이었어요. 모든 곳에 먼지가 가득했죠.
- 나는 지금 완전 엉망이라 나가기 전에 치장하게 시간 좀 줘.
- 세일이 끝난 후에는 모든 옷이 뒤죽박죽되어 가게들이 엉망이 됩니다.

235

estar a cargo de ~   책임을 맡다, 담당하다

- Finalmente, mi hermano estará a cargo de la empresa familiar.
- Mis padres son mayores y yo estoy a cargo de ellos para cuidarles.
- Un grupo de padres está a cargo de buscar un regalo para el profesor de infantil que se va a jubilar.
- Yo no quiero estar a cargo de tantas responsabilidades: me gusta ser más libre.

- 마침내 내 형이 가족 사업을 맡게 될 것입니다.
- 제 부모님이 연세가 많으셔서 제가 그분들을 돌보고(책임지고) 있습니다.
- 학부모 그룹이 은퇴하는 유치원 선생님을 위한 선물을 준비하는 것을 맡고(담당하고) 있습니다.
- 나는 그렇게 많은 책임을 맡고 싶지 않습니다. 더 자유롭게 지내고 싶습니다.

236

estar a distancia   거리를 두고 있다

- Creo que debemos coger el coche porque la playa está a bastante distancia.
- Estuve a una distancia considerable para que no me contagiara el constipado.
- Hay parejas que no pueden estar a distancia de su maridos o mujeres.
- La casa de sus padres no está a mucha distancia de aquí.

- 해변이 꽤 멀리 있어서, 우리는 차를 타야 할 것 같아요.
- 나는 감기가 옮지 않도록 상당한 거리를 두고 있었어요.
- 부부 중에는 남편이나 아내와 떨어져 있을 수 없는 사람들이 있어요.
- 부모님 집이 여기서 그리 멀지 않아요.

Día 12

237

estar a favor de ~   ~을 찬성/지지하다

- Han votado para ver cuántas personas están a favor del cambio de gestión.
- ¡¡Claro que estoy a favor de que todo el mundo tenga las mismas oportunidades!!
- Todos los vecinos están a favor de poner ascensor en su comunidad.
- El alcalde está a favor del uso de bicicletas eléctricas en la ciudad.

· 경영 변화에 찬성하는 사람들의 수를 확인하기 위해 투표했습니다.
· 물론 저는 모든 사람이 동등한 기회를 가지는 것에 찬성합니다!
· 모든 이웃들이 아파트에 엘리베이터를 설치하는 것에 찬성합니다.
· 시장은 도시에서 전기 자전거 사용을 지지합니다.

238

estar a tiempo   제시간에 도착하다

- Hay que estar a tiempo en el cine porque no te dejan entrar si ha empezado la película.
- Estoy un poco preocupado porque no sé si nuestro trabajo estará a tiempo.
- Hay que ser puntuales: estar a tiempo en los sitios es un rasgo de buena educación.
- Hoy saldremos antes del trabajo y así estaremos a tiempo de ver la entrega de premios.

· 영화가 시작되면 입장할 수 없으니 영화관에 제시간에 도착해야 합니다.
· 우리 작업이 제시간에 될지 몰라서 좀 걱정입니다.
· 시간을 잘 지켜야 합니다. 약속 장소에 제시간에 도착하는 것은 좋은 교양의 특징입니다.
· 우리는 오늘 일찍 퇴근해서 시상식을 제시간에 볼 시간이 있을 겁니다.

239

estar a tope
너무 ~이다, 꽉/가득 차 있다

- Este fin de semana mis amigos no van a salir porque están a tope de trabajo.
- Necesito vacaciones, este cuatrimestre estoy a tope y no tengo ni un minuto libre.
- El restaurante está a tope de gente; no creo que nos puedan dar una mesa.
- El concierto estaba a tope de fans cantando las canciones de su cantante favorito.
- 이번 주말에 내 친구들은 일이 너무 많아서 나가지 못할 겁니다.
- 나는 휴가가 필요해요, 이번 학기는 너무 바빠서 자유 시간이 1분도 없어요.
- 레스토랑이 사람들로 가득 차서, 우리에게 테이블을 줄 수 없을 것 같습니다.
- 콘서트장이 좋아하는 가수의 노래를 부르는 팬들로 가득 찼어요.

240

estar abonado
회원이 되다, 시즌권이 있다

- Hace muchos años que estoy abonado a este equipo.
- Tienes que estar abonado si quieres conseguir una entrada.
- Mi madre va a la ópera con frecuencia porque está abonada al teatro.
- 나는 이 팀의 시즌권을 소지한 지 여러 해가 되었다.
- 네가 입장권을 구하고 싶으면 시즌권이 있어야 한다.
- 우리 어머니는 극장 정기 회원이어서 자주 오페라를 보러 가신다.

Día 13

241

estar al alcance de ~

형편에 맞다, 감당하다, ~의 닿을 거리에 있다

- Hoy en día, comprar un piso no está al alcance de todos.
- Los precios de este supermercado están al alcance de cualquiera.
- Esta marca de ropa no está al alcance de muchas personas.
- Los vuelos en *business* no están al alcance de cualquier pasajero.

· 요즘은 집을 사는 것은 모든 사람이 감당할 수 없다.
· 이 슈퍼마켓의 가격은 누구나 감당할 수 있다.
· 이 의류 브랜드는 많은 사람들의 형편에 맞지 않다.
· 비즈니스석 항공권은 모든 여행객이 감당할 수 없다.

242

estar al día

최신 소식을 알다, 밀린 일을 하다, 트렌드를 따르다

- Leo los periódicos todas las mañanas porque me gusta estar al día de lo que ocurre.
- Antes de irnos de vacaciones debemos estar al día de las tareas pendientes.
- Es imposible estar al día de las últimas novedades en la moda.

· 나는 매일 아침 신문을 읽어, 왜냐면 최신 소식을 알고 싶어서야.
· 우리는 휴가 가기 전에 밀린 일들을 다 해야 한다.
· 패션계의 최신 트렌드를 따라가기는 불가능하다.

243

estar al límite   한계에 다다르다

A Te veo con mala cara.
B Es que estoy al límite de mis fuerzas… necesito descansar.
A A mí me pasa lo mismo: el final de curso es muy estresante.
B Menos mal que ya queda poco para las vacaciones.

A 너 얼굴색이 안 좋아 보여.
B 나는 기력이 한계에 다다랐어…… 쉬어야 할 것 같아.
A 나도 마찬가지야. 학기말이 정말 스트레스가 많아.
B 다행히 휴가까지 얼마 남지 않았어.

244

estar al tanto (=corriente) de ~   ~을 알고 있다, (소식을) 기다리다

- ¿Estás al tanto (=corriente) del problema que ha tenido María?
- En el banco me dijeron que estaban al tanto (=corriente) de mi solicitud.
- Hay que estar al tanto (=corriente) de cuándo harán la revisión eléctrica.
- Los jóvenes no suelen estar al tanto (=corriente) de los asuntos políticos.

- 너는 마리아가 겪은 문제에 대해 알고 있니?
- 은행에서는 제 신청서에 대해 알고 있다고 나에게 말했습니다.
- 전기 검사를 언제 할 건지 잘 알아 둬야 합니다.
- 젊은이들은 보통 정치적 사안들에 대해 잘 모르고 있습니다.

Día 13

245

estar ansioso   불안하다, 걱정하다, 안달이 나다

- Siempre estoy ansioso cuando hay exámenes.
- Los padres suelen estar ansiosos cuando sus hijos llegan tarde a casa.
- Es normal estar ansioso cuando se espera un bebé.
- Estoy ansiosa por abrir el regalo.

- 시험이 있을 때마다 나는 불안해한다.
- 부모님들은 자녀들이 집에 늦게 올 때 보통 걱정한다.
- 아기를 기다릴(출산) 때 불안한 것은 정상입니다.
- 나는 선물을 열어 보고 싶어서 안달이 난다.

246

estar como un flan   떨리다, 긴장하다

- El día de mi boda estaba como un flan: tenía muchísimos nervios.
- Cuando nació su hijo él está emocionado, pero también como un flan.
- Todavía estoy como un flan porque he pasado mucho miedo con la película.
- Él estaba como un flan por volver a ver a su antigua novia.

- 내 결혼식 날, 나는 너무 긴장해서 떨고 있었다.
- 그는 아이가 태어났을 때 감동적이었지만, 동시에 너무 떨리기도 했다.
- 영화가 너무 무서워서 나는 아직도 떨리고 있다.
- 그는 옛 여자친구를 다시 만난다고 해서 떨렸다.

247

estar comprendido
포함되다

- La rebaja está comprendida en el precio que marca la etiqueta.
- La prueba oral está comprendida en el examen final.
- En la revisión del coche no está comprendido el cambio de aceite.

· 할인가가 라벨에 표시된 가격에 포함되어 있습니다.
· 구술 시험이 기말고사에 포함되어 있습니다.
· 자동차 점검에는 오일 교환이 포함되어 있지 않습니다.

248

estar compuesto por ~
~로 구성되어 있다

- El apartamento está compuesto por dos habitaciones y un baño.
- El menú estaba compuesto por un entrante, un principal y un postre.
- Nuestra familia está compuesta por cinco hermanos.

· 아파트는 방 두 개와 화장실 한 개로 구성되어 있습니다.
· 메뉴는 애피타이저, 메인 요리, 디저트로 구성되어 있었습니다.
· 우리 가족은 다섯 형제로 구성되어 있습니다.

Día 13

249

estar con gripe   독감에 걸리다

- Pedro ha estado con gripe varios días.
- Creo que no debes ir al médico solo por estar con gripe.
- Si estás con gripe es mejor que te quedes en casa.
- Cuando ella estuvo con gripe tuvo mucho dolor de cabeza.

- 페드로는 며칠 동안 독감에 걸려 있었어요.
- 단순히 독감에 걸렸다고 병원에 갈 필요는 없다고 생각해요.
- 독감에 걸렸다면 집에 머무는 것이 좋아요.
- 그녀가 독감에 걸렸을 때 심한 두통이 있었어요.

250

estar conforme con ~   ~과 일치하다, ~에 만족하다

- He decido marcharme porque no estoy conforme con la calidad del servicio.
- Estamos conformes con los términos del contrato, así que lo firmaremos.
- Pedro me dijo que estaba conforme con el reparto de tareas.
- Luis pidió una revisión porque no estaba conforme con la nota del examen.

- 나는 서비스 품질에 만족하지 않아서 떠나기로 결정했습니다.
- 우리는 계약 조건에 일치하니까 서명할 겁니다.
- 페드로는 업무 분담에 대해 만족한다고 말했습니다.
- 루이스는 시험 성적에 만족하지 않아서 재검토를 요청했습니다.

251

estar convencido de ~ ~에 확신하다

- **Estoy convencida de** que este fin de semana hará mejor tiempo.
- No sé qué ha podido pasar: **estaba convencido de** haber enviado el *mail*.
- Los aficionados **estaban convencidos de** que su equipo ganaría el partido.
- En la editorial **están convencidos de** que tu nueva novela será un éxito.

- 나는 이번 주말에 날씨가 더 좋을 거라고 확신합니다.
- 나는 무슨 일이 있었는지 모르겠어요. 메일을 보냈다고 확신했습니다.
- 팬들은 그들의 팀이 경기를 이길 거라고 확신했습니다.
- 출판사에서는 당신의 새 소설이 성공할 거라고 확신합니다.

252

estar de ~ (profesión) 잠시 ~ (임시직) 일을 하다

- Yo **estuve de camarero** un tiempo.
- Para pagarse los estudios, mi amiga **estuvo de canguro** cuidando unos niños.
- Juan **está de profesor de idiomas** a tiempo parcial en una academia.
- Me gustaría **estar de ayudante de cocina** de un gran chef para aprender.

- 나는 한동안 웨이터로 일했습니다.
- 내 친구는 학비를 벌기 위해 아이들을 돌보는 베이비시터로 일했어요.
- 후안은 학원에서 시간제 어학 강사로 있습니다.
- 나는 유명한 셰프 밑에서 주방 보조로 있으면서 배우고 싶습니다.

Día 13

253

estar de acuerdo   동의하다

- Claro que estoy de acuerdo en que hay que cuidar el medio ambiente.
- Ellos estuvieron de acuerdo en la educación de sus hijos. ✱
- Los adversarios políticos nunca están de acuerdo.
- Todos estuvieron de acuerdo en que la película había sido muy aburrida.

- 물론 나는 환경을 보호해야 한다는 것에 동의합니다.
- 그들은 자녀 교육에 대해 동의했습니다.
- 정치적 반대파들은 결코 동의하지 않습니다.
- 모두가 영화가 매우 지루했다는 것에 동의했습니다.

254

estar de aniversario   창립/개점/기념일이다

- Este verano haremos un crucero porque estaremos de aniversario de bodas.
- Como en el supermercado están de aniversario hay muchas ofertas.
- Este año estamos de aniversario de aquel primer récord olímpico para nuestro país.

- 올해 여름에는 우리의 결혼기념일이라서 크루즈 여행을 할 예정입니다.
- 슈퍼마켓이 창립기념일이라서 할인이 많습니다.
- 올해 우리는 우리나라의 첫 올림픽 기록 달성을 기념합니다.

✱ 이 문장에서는 estar de acuerdo con이라는 문구도 사용 가능하지만, 대부분의 경우 con은 사람이 올 때, en은 의견, 결심 등의 단어가 올 때 사용합니다.

255

estar de enhorabuena

정말/매우 기뻐하다

- ¡Por fin llueve! ¡Estamos de enhorabuena!
- Nuestro hijo ha aprobado las oposiciones, así que estamos de enhorabuena.
- Juan me dijo que estaba de enhorabuena porque ya había encontrado un piso.
- Estaré de enhorabuena si me dan el premio.

- 드디어 비가 온다! 우리는 정말 기쁩니다!
- 우리 아들이 공무원 시험에 합격해서 우리는 정말 기쁩니다.
- 후안이 집을 구했다며 매우 기뻐했어요.
- 상을 받게 되면 나는 정말 기쁠 겁니다.

256

estar de moda

유행하다

- Las camisas de flores no están de moda.
- Ahora está muy de moda ir en patinete por la ciudad.
- Aunque esté de moda, a mí no me gusta llevar el pelo rizado.
- Deberías comprarte un chaleco porque están muy de moda.

- 꽃무늬 셔츠는 유행이 아닙니다.
- 요즘은 도시에서 킥보드를 타는 것이 매우 유행입니다.
- 유행이긴 하지만, 나는 곱슬머리가 좋지 않아요.
- 너도 조끼 하나 사야겠다. 아주 유행이잖아.

Día 13

257

estar muerto de ~ ~해서 죽을 것 같다

- La película era tan cómica que todos estábamos muertos de risa.
- Luis me dijo que no me esperó para comer porque estaba muerto de hambre.
- Cuando encontraron a los alpinistas perdidos, estaban muertos de frío.

- 영화가 너무 웃겨서 우리 모두 웃겨 죽을 뻔했다.
- 루이스는 배가 고파 죽을 것 같아서, 나를 기다리지 않고 먹었다고 했다.
- 실종된 등산객들을 찾았을 때, 그들은 추위에 떨고 있었다.

258

estar de obras 공사 중이다

- Hay mucho atasco porque están de obras en la carretera.
- Mis vecinos están de obras y no dejan de hacer ruido.
- En la cafetería de la empresa están de obras, así que hay que salir a la calle para tomar café.

- 도로 공사 중이라서 교통 체증이 심하다.
- 이웃집이 공사 중이라서 계속 시끄럽다.
- 회사 카페테리아가 공사 중이라서 커피를 마시려면 밖에 나가야 합니다.

259

estar de paso   잠시/잠깐 들르다

- Mis amigos están de paso en la ciudad, solo se van a quedar un par de días.
- Como estoy de paso, solo necesito una noche de hotel.
- Aunque estés de paso, no dejes de visitar a los abuelos.
- Estábamos de paso, pero nos dio tiempo a bañarnos en la playa.

- 내 친구들은 이 도시에 잠시 들르는 것뿐입니다. 이틀만 머물 겁니다.
- 나는 잠시 들르는 것이라, 호텔 1박만 필요해.
- 잠깐 들르더라도, 너는 할아버지 할머니를 방문하는 것을 잊지 마라.
- 잠깐 들른 것이었지만, 우리는 해변에서 수영할 시간이 있었어요.

260

estar de vacaciones   휴가중이다, 휴가를 보내다

- La tienda está cerrada porque sus dueños están de vacaciones.
- Cuando estás de vacaciones lo normal es levantarte tarde.
- ¿En qué lugar te gustaría estar de vacaciones?
- Creo que este año solo estaremos de vacaciones 15 días.

- 주인들이 휴가 중이라서 가게가 문을 닫았습니다.
- 휴가 중일 때는 보통 늦게 일어납니다.
- 너는 어디로 휴가를 보내고 싶니?
- 올해는 15일만 휴가를 보낼 수 있을 것 같아요.

Día 14

261

estar dedicado a ~   ~에 종사하다/전념하다

- Mi madre nunca trabajó y estuvo dedicada al cuidado de la familia.
- En mi pueblo están dedicados al cultivo de olivas y producen mucho aceite.
- Este fin de semana estaré dedicado a la limpieza de la casa.
- Los investigadores están dedicados a conseguir una nueva vacuna con menos efectos secundarios.

- 우리 어머니는 직장 생활을 하신 적이 없고 가족을 돌보는 데 전념하셨어요.
- 우리 마을은 올리브 재배에 종사하고 있어서 기름을 많이 생산합니다.
- 이번 주말에 나는 집 청소에 전념할 거예요.
- 연구원들은 부작용이 적은 새로운 백신을 개발하는 데 전념하고 있습니다.

262

estar dirigido por ~   ~에 의해서 운영되다/이끌리다/연출되다

- El grupo, formado por chicos, está dirigido por Juan.
- La empresa siempre ha estado dirigida por un miembro de la familia.
- El periódico está dirigido por un importante grupo de comunicación.
- La película está dirigida por un director que ha recibido muchos premios.

- 그룹은 남학생들로 구성되어 있으며, 후안에 의해 이끌어지고 있다.
- 회사는 항상 가족 구성원 중 한 명에 의해 경영되어 왔다.
- 신문은 중요한 언론 그룹에 의해 운영되고 있다.
- 영화는 많은 상을 받은 감독에 의해 연출되었다.

263

estar empapado   흠뻑/완전히 젖다

- ¡Cómo voy a olvidarme! Estábamos empapados completamente.
- La lluvia nos sorprendió sin paraguas y, en un minuto, estábamos empapados.
- Estoy empapado porque un coche ha pasado por un charco y me ha salpicado.

· 내가 어떻게 잊어버리겠어! 우리는 흠뻑 젖어 있었잖아.
· 우산도 없는데 비가 갑자기 내려서, 1분 만에 완전히 젖어 버렸어요.
· 차가 물웅덩이를 지나가면서 나한테 튀겨서 옷이 완전히 젖어 버렸다.

264

estar en buena forma   몸 상태가 좋다, 좋은 체력을 유지하다

- Si quieres estar en buena forma, deberías salir con la bici por lo menos dos días a la semana.
- Los jugadores deben estar en buena forma antes del inicio del campeonato.
- Para tener buena salud es importante estar en buena forma.
- Hoy en día muchos jóvenes van al gimnasio para estar en buena forma.

· 네가 좋은 체력을 유지하고 싶다면, 일주일에 적어도 이틀은 자전거를 타야 한다.
· 선수들은 챔피언십 시작 전에 몸 상태(컨디션)가 좋아야 합니다.
· 건강을 유지하려면 좋은 체력이 중요합니다.
· 요즘 많은 젊은이들이 몸 상태를 좋게 하기 위해 헬스장에 다닙니다.

265

estar en las nubes 딴생각을 하다, 멍하니 있다

- Ella ha suspendido muchas asignaturas porque en clase siempre está en las nubes.
- ¿Me puedes repetir lo que has dicho? Es que estaba en las nubes.
- ¿Cómo no me voy a enfadar contigo si estás en las nubes cuando te hablo?
- Los adolescentes siempre están en las nubes, pero con el tiempo maduran.

· 그녀는 수업 시간에 항상 딴 생각을 하느라 많은 과목에서 낙제했다.
· 방금 한 말 다시 해 줄 수 있어? 난 멍하니 있었거든.
· 내가 말할 때 넌 딴 생각만 하고 있는데 내가 어떻게 화나지 않겠어?
· 십 대들은 항상 멍하니 있지만, 시간이 지나면서 성숙해진다.

266

estar en las últimas 바닥이다, 거의 끝나가다, 임종이 가까워지다

- Estoy en las últimas, no tengo ni para pagar el alquiler.
- Mi móvil está en las últimas: voy a tener que comprarme otro pronto.
- Su pobre abuelo está en las últimas porque ya es muy mayor.
- Van a cerrar este negocio porque está en las últimas.

· 나는 바닥이야. 월세 낼 돈도 없어.
· 내 핸드폰이 거의 끝나가. 곧 새로 사야 할 것 같아.
· 그의 불쌍한 할아버지는 너무 연세가 많아서 곧 돌아가실 것 같아.
· 이 가게는 망해 가고 있어서 곧 문을 닫을 거야.

267

estar equipado con ~   ~을 갖추고 있다, 설치/장착되어 있다

- El coche está equipado con todos los adelantos técnicos.
- Tengo una casa que está equipada con un sistema de vigilancia para evitar los robos.
- Todas las clases están equipadas con ordenadores.

  - 자동차는 모든 최신 기술로 장착되어 있습니다.
  - 집에 도난을 방지하기 위해 감시 시스템을 갖추고 있습니다.
  - 모든 교실에는 컴퓨터가 설치되어 있습니다.

268

estar exento de ~   ~에서 면제되다

- Los extranjeros que hacen compras aquí están exentos del pago de impuestos.
- Como ya te han convalidado esta asignatura, estás exenta de hacer el examen.
- Las familias numerosas estarán exentas del pago de la matrícula académica.

  - 여기서 쇼핑하는 외국인들은 세금이 면제됩니다.
  - 이 과목이 이미 인정되었으므로, 너는 시험이 면제된다.
  - 다자녀 가정은 학비가 면제될 것입니다.

Día 14

269

estar formado por ~   ~으로 구성되어 있다

- Este puzle está formado por 1000 piezas.
- El libro está formado por un prólogo y siete capítulos.
- ¿Por cuántas personas está formada esta empresa?

· 이 퍼즐은 1000조각으로 구성되어 있습니다.
· 이 책은 서문과 7개의 장으로 구성되어 있습니다.
· 이 회사는 몇 명으로 구성되어 있나요?

270

estar harto de ~   ~에 지치다/질리다, ~을 지겨워하다

- El conductor del autobús comentó que estaba harto del tráfico.
- Estoy harta de trabajar por un sueldo tan mísero.
- Los ciudadanos están hartos de las promesas incumplidas de los políticos.
- Como estábamos hartos de esperarte, decidimos marcharnos.

· 버스 운전사는 교통 체증에 지쳤다고 말했습니다.
· 나는 이렇게 적은 월급을 받으며 일하는 데 질렸다.
· 시민들은 정치인들의 불이행한 약속에 지쳤습니다.
· 우리가 너를 기다리는 데 지쳐서 떠나기로 했습니다.

271

estar hasta las narices

(완전히) 질리다, 짜증 나다

- **Estoy hasta las narices** del atasco de las mañanas.
- **Estamos hasta las narices** de las obras de nuestro vecino.
- **Yo estaba hasta las narices** de la lluvia porque no podía salir a navegar.
- **Estaban hasta las narices** de que les llamaran de madrugada.

- 나는 아침 교통 체증에 완전히 질렸어.
- 우리는 이웃집 공사에 정말 질렸어.
- 나는 비 때문에 배를 타고 나갈 수 없어서 정말 짜증 났어.
- 그들은 새벽에 전화가 오는 것에 완전히 질렸어.

272

estar informado de ~

~에 대해 정보를 갖고 있다, ~을 알게 되다

- Me gusta **estar informado de** las noticias y por eso siempre leo los periódicos cuando me levanto.
- Los pasajeros **no estaban informados del** retraso que había para coger el avión.
- Asegúrate de que **estás informado de** todas las condiciones antes de firmar el contrato.
- Los vecinos ya **están informados de** los cortes de tráfico que habrá este fin de semana en su zona.

- 나는 뉴스를 알고 있는 것을 좋아해서 아침에 일어나면 항상 신문을 읽는다.
- 승객들은 비행기 탑승 지연에 대해 알지 못했어요.
- 계약서에 서명하기 전에 모든 조건을 충분히 알고 있는지 확인해라.
- 주민들은 이번 주말에 그 지역에서 있을 교통 통제에 대해 이미 정보를 갖고 있었다.

Día 14

273

estar interesado en ~   ~에 관심이 있다

- Buenos días, les llamo porque **estoy interesado en** su oferta y querría más información.
- Aunque Pedro dijo que **estaba interesado en** alquilar el piso, finalmente no lo ha hecho.
- Creo que mi hermano va a estudiar Ecología porque siempre **ha estado muy interesado en** el medioambiente.
- **No estamos interesados en** suscribirnos a su canal.

- 안녕하세요, 당신의 제안에 관심이 있어서 전화를 합니다. 더 자세한 정보를 원합니다.
- 페드로가 아파트를 렌트하는 데 관심이 있다고 했지만, 결국 하지 않았습니다.
- 제 동생이 항상 환경에 매우 관심이 있어서 생태학을 공부할 것 같습니다.
- 우리는 당신의 채널 구독에 관심이 없습니다.

274

estar más enterado de lo que ~   ~보다 더 잘 알고 있다

- A Hoy han hablado del problema de la contaminación en las noticias.
- B Sí, ya he oído que se van a tomar medidas que afectan al tráfico, a las calefacciones, a los combustibles…
- A ¡Vaya! **Estás más enterado de lo que creía.**
- B Es que es algo muy grave que nos afecta a todos.

- A 오늘 뉴스에서 환경 오염 문제에 대해 이야기했어.
- B 맞아, 교통, 난방, 연료 등에 영향을 미치는 조치들이 취해질 거라고 들었어.
- A 와! 내가 생각했던 것보다 더 잘 알고 있네.
- B 우리 모두에게 영향을 미치는 심각한 문제잖아.

275

estar mejor de ~   ~이 더 좋아지다/나아지다

- Mi padre ya está mejor de sus dolores de espalda.
- Juan está mejor del catarro y es probable que vuelva pronto a clase.
- Cuando estemos mejor de dinero podremos hacer el crucero que queríamos.
- Ahora estoy mejor de tiempo porque he acabado los exámenes.

· 아버지는 허리 통증에서 나아지셨어요.
· 후안은 감기가 나아져서 곧 수업에 돌아올 것 같아요.
· 우리가 돈 사정이 좋아지면, 원하던 크루즈 여행을 할 수 있을 겁니다.
· 나는 시험이 끝나서 이제 시간적 상황이 좋아졌다.

276

estar nominado ~   ~에 후보자가 되다, ~에 추천되다

- La película que vimos el otro día está nominada a los Oscar.
- Han publicado la lista de los que están nominados al premio.
- Dijo que, aunque no ganara, ya era un orgullo estar nominado.

· 우리가 며칠 전에 본 영화가 오스카상 후보에 올랐다.
· 상의 후보에 오른 명단이 발표되었다.
· 수상하지 못하더라도 후보에 오른 것만으로도 자랑스럽다고 말했다.

Día 14

277

estar orgulloso de ~*
~을 자랑스러워하다

- **Estamos orgullosos de** nuestro equipo porque ha llegado a la final.
- **No estoy orgullosa** del resultado de mi trabajo, creo que podría haberlo hecho mejor.
- Los padres siempre mostraron que **estaban orgullosos de** sus hijos.

- 우리는 우리 팀이 결승에 진출해서 자랑스럽다.
- 나는 내 일의 결과가 자랑스럽지 않아요. 더 잘할 수 있었다고 생각합니다.
- 부모님은 항상 자녀들을 자랑스러워한다고 하신다.

278

estar orientado a / hacia ~
~을 대상으로 하다, ~에 방향성을 두다

- Esta asignatura **está orientada al** estudio de la gramática.
- Veo que tu hijo **está muy orientado hacia** la medicina.
- El discurso **estaba claramente orientado a** los jóvenes.
- Estas inversiones **están orientadas a** personas a las que no les importa asumir riesgos.

- 이 과목은 문법 공부에 방향성을 두고 있습니다.
- 나는 네 아들이 의학에 확실한 방향성을 두고 있다고 생각한다.
- 그 연설은 분명히 젊은이들을 대상으로 했습니다.
- 이 투자들은 위험을 감수할 수 있는 사람들을 대상으로 합니다.

✱ ser orgulloso는 부정적 의미(교만하다, 우쭐거리다)로 사람의 성격을 나타내고, estar orgulloso는 긍정적 의미(자랑스러워하다)로 심리적 상태를 표현합니다. 276번 세 번째 예문의 ser un orgullo는 성취감을 나타냅니다.

279

estar pensado para ~

~을 생각한 것이다, ~을 위한 것이다

- La ropa de la tienda de la esquina está pensada para señoras mayores.
- Esta casa está pensada para una sola persona porque es muy pequeña.
- La ayuda del gobierno está pensada para jóvenes sin trabajo.
- Este puesto está pensado para personas a las que no les importe viajar con frecuencia.

- 모퉁이 가게의 옷은 노년층 여성을 위한 것입니다.
- 이 집은 매우 작아서 한 사람을 위한 것입니다.
- 정부 지원은 실업 청년들을 생각한 것입니다.
- 이 직책은 잦은 출장을 마다하지 않는 사람들을 위한 것입니다.

280

estar por las nubes

엄청나게 비싸다, 천정부지다

- Voy a esperar a las rebajas, porque ahora los precios están por las nubes.
- En estas fechas, el precio del pescado está por las nubes.
- Los pisos están por las nubes: no hay manera de poder comprar uno.
- El precio de la gasolina siempre está por las nubes.

- 할인 시즌을 기다릴 거예요, 지금은 가격이 천정부지로 비싸거든요.
- 이 시기에는 생선 가격이 엄청나게 비싸다.
- 아파트 가격이 천정부지예요. 하나도 살 수 있는 방법이 없어요.
- 기름 값은 항상 엄청나게 비싸다.

Día 15

281

estar por llegar   도착할 예정이다

- El pedido que hicimos por la web está por llegar; lo tendremos en breve.
- Juan me ha dicho que le esperemos, que está por llegar.
- Creo que no hace falta coger un taxi porque el autobús está por llegar.

- 우리가 웹으로 주문한 물건이 곧 도착할 예정입니다. 곧 받을 수 있을 거예요.
- 후안이 자기를 기다리라고 했어요. 곧 도착할 거래요.
- 버스가 곧 도착할 예정이어서 택시를 탈 필요가 없을 것 같아요.

282

estar presente en ~   ~에 참석하다, ~과 함께 있다

- Esta canción ha estado presente en los mejores momentos de mi vida.
- No te preocupes, que estaré presente en la ceremonia de tu graduación.
- Siento no poder estar presente en la próxima reunión, pero tengo otra cita.

- 이 노래는 내 인생의 가장 좋은 순간들과 함께했습니다.
- 걱정하지 마, 너의 졸업식에 참석할게.
- 제가 다음 회의에 참석하지 못해서 죄송합니다. 다른 약속이 있습니다.

283

estar previsto que ~   ~할 예정이다, ~이 예정되다/예견되다

- **Está previsto que** el paquete llegue mañana.
- **Está previsto que** llueva este fin de semana.
- **No estaba previsto que** Juan viniera a cenar con nosotros, pero me alegré de que lo hiciera.
- **Estaba previsto que** el avión aterrizara a las 10, pero llegó con retraso.

- 택배는 내일 도착할 예정입니다.
- 이번 주말에 비가 올 예정입니다.
- 후안이 우리와 저녁을 먹으러 올 예정이 아니었는데, 하지만 와서 기뻤습니다.
- 비행기가 10시에 착륙할 예정이었지만, 지연되어 도착했습니다.

284

estar reservado exclusivamente ~   ~전용이다

- Estos lavabos **están reservados exclusivamente** para el personal.
- Las instalaciones del hotel **están reservadas exclusivamente** a los clientes.
- El vino que se guarda en ese armario **está reservado exclusivamente** a las grandes celebraciones.

- 이 화장실은 직원 전용입니다.
- 호텔 시설은 투숙객 전용입니다.
- 그 장에 보관된 와인은 중요한 축하 행사 전용입니다.

Día 15

285

estar seguro de ~   ~을 확신하다

- No te preocupes, estoy seguro de que tu gato aparecerá pronto.
- Cuando era pequeña, mi hermana estaba segura de que existían los fantasmas.
- Yo estaba segura de que había dejado aquí la cartera, pero no la encuentro.
- Los médicos están seguros de que el enfermo se curará en los próximos días.

- 걱정하지 마, 나는 너의 고양이가 곧 나타날 거라고 확신해.
- 어렸을 때, 내 여동생은 유령이 존재한다고 확신했습니다.
- 나는 여기에 지갑을 두었다고 확신했는데, 찾을 수가 없네요.
- 의사들은 환자가 며칠 안에 나을 것이라고 확신합니다.

286

estar tirado   너무 쉽다

- A Creo que he aprobado el examen.
- B Seguro que sí, porque habías estudiado mucho.
- A Además es que el examen estaba tirado: era facilísimo.
- B ¡¡Qué suerte!!

- A 시험에 통과한 것 같아.
- B 당연히 통과했겠지. 많이 공부했잖아.
- A 게다가 시험이 너무 쉬웠어. 정말 아주 쉬웠어.
- B 정말 운이 좋았네!

287

estar tocado 상심하다, 제정신이 아니다, 마음의 상처를 받다

- A Juan le ha dejado la novia y está tocado.
- Mi primo está tocado desde que se murió su mascota.
- El profesor de música es un genio, pero está un poco tocado de la cabeza.

  - 후안은 여자친구한테 차여서 상심해 있다.
  - 사촌은 반려동물이 죽은 뒤로 마음의 상처를 받았다.
  - 음악 선생님은 천재이지만, 좀 제정신이 아닌 것 같다.

288

estar un buen rato 한참 동안 ~하고 있다

- Él estuvo un buen rato pensando qué ponerse.
- Estuvimos un buen rato haciendo cola para entrar al museo.
- Estaré un buen rato en la biblioteca, así que no me esperes.
- Estuvimos allí un buen rato, porque el sitio era muy agradable.

  - 그는 무엇을 입을지 한참 동안 고민하고 있었다.
  - 우리는 박물관에 들어가기 위해 한참 동안 줄을 서고 있었습니다.
  - 도서관에서 한참 있을 거니까, 나를 기다리지 마.
  - 그곳이 매우 좋아서 우리는 한참 동안 거기 있었습니다.

Día 15

289

estudios superiores

대학 교육, 학력

- Hay que tener estudios superiores para obtener ese puesto.
- Hicieron una encuesta para saber qué porcentaje de la población tenía estudios superiores.
- Los estudios superiores te abren posibilidades de trabajo.
- Ahora hay más mujeres que hombres con estudios superiores.

- 그 직책을 얻으려면 대학 교육이 필요합니다.
- 인구의 몇 퍼센트가 대학 학력을 가지고 있는지 알아보기 위해 설문조사를 했습니다.
- 대학 학력은 취업 기회를 열어 줍니다.
- 현재 남성보다 여성이 더 많이 대학 학력을 가지고 있습니다.

290

financiación de hasta ~ meses

~개월까지 할부

- A Juan se ha comprado un nuevo coche.
- B ¡Pero si decía que no tenía dinero!
- A Es verdad, pero en el concesionario le daban una financiación hasta de 12 meses.
- B Pues es una buena oportunidad.

- A 후안이 새 차를 샀대.
- B 그런데 돈이 없다고 했잖아!
- A 맞아, 하지만 자동차 대리점에서 12개월까지 할부를 해 준대.
- B 그거 좋은 기회네.

291

formación profesional 직업 교육

- Si no tienes la formación profesional que piden, es mejor que no acudas a la entrevista de trabajo.
- No encuentro un informático para mi empresa que tenga la formación profesional que necesito.
- Con tu título de economista y tu formación profesional en la banca, seguro que te dan el trabajo.

- 네가 요구하는 직업 교육을 받지 않았다면, 면접에 가지 않는 것이 좋다.
- 나는 우리 회사에 필요한 직업 교육을 받은 전산 전문가를 찾을 수가 없습니다.
- 너의 경제학 학위와 은행업 직업 교육이 있으니, 분명히 너에게 일자리를 줄 거다.

292

formar parte de ~ ~에 속하다/일원이 되다/참여하다

- Necesitamos personal para formar parte de nuestro equipo.
- Quiero formar parte del grupo de teatro de la universidad.
- Juan forma parte del grupo de voluntarios que ayudan a las personas mayores.

- 우리는 우리 팀의 일원이 될 직원이 필요합니다.
- 나는 대학교 연극 동아리에 참여하고 싶습니다.
- 후안은 노인들을 돕는 자원봉사자 그룹의 일원입니다.

Día 15

293
frase hecha 관용구

- Mi amigo me dijo que cada día estaba más joven, pero sé que eso es una frase hecha.
- Es muy difícil aprender las frases hechas de otra lengua.
- Mi madre utiliza muchas frases hechas cuando habla.
- Ella me insistió en que iba por el buen camino en mi trabajo, pero no sé si es sincera o solo es una frase hecha.

- 내 친구는 내가 날이 갈수록 젊어진다고 했지만, 그건 관용구(판에 박은 말)라는 걸 알아요.
- 다른 언어의 관용구를 배우는 것은 매우 어렵습니다.
- 우리 어머니는 말씀하실 때 관용구를 많이 사용합니다.
- 그녀는 내가 일을 잘하고 있다고 강조했지만, 그게 진심인지 아니면 그저 관용구(판에 박은 말)인지 모르겠어요.

294
frotarse las manos 매우 만족하다

- La familia de Juan se frotó las manos, ya que él volvió con una gran fortuna.
- Me froté las manos cuando supe que íbamos a ese restaurante porque sé que se come muy bien.
- Mis amigos se frotaron las manos cuando les dije que les invitaba a mi casa de la playa.
- Es normal que los empleados se frotaran las manos cuando el jefe les dijo que les subiría el sueldo.

- 후안의 가족은 그가 큰 부자가 되어 돌아오자 매우 만족했다.
- 나는 그 레스토랑에 간다는 소식을 듣고 매우 만족을 했습니다. 거기 음식이 정말 맛있거든요.
- 내가 친구들에게 해변에 있는 우리 집에 초대한다고 말하자, 친구들은 매우 만족했습니다.
- 사장이 월급을 올려 주겠다고 하자 직원들이 매우 만족하는 것은 당연한 일이었습니다.

295

fuera de lo común   특별한

- A He conocido al hijo de Pedro.
- B Es un chico muy inteligente, serio y responsable.
- A Estoy totalmente de acuerdo, me parece un muchacho fuera de lo común.
- B Sus padres deben estar muy orgullosos de él.

- A 나는 페드로의 아들을 알게 되었어.
- B 그는 매우 똑똑하고, 진지하고, 책임감 있는 아이야.
- A 전적으로 동의해, 그는 특별한 아이 같아.
- B 그의 부모님이 그를 매우 자랑스러워하실 거야.

296

fuera de sevicio   고장, 중단

- El cajero automático estaba fuera de servicio, así que no pude sacar dinero.
- La línea telefónica estuvo dos horas fuera de servicio por la tormenta.
- Aquella gasolinera está fuera de servicio de madrugada.

- 현금 인출기가 고장 나서 돈을 뽑을 수 없었어요.
- 전화선이 폭풍 때문에 두 시간 동안 고장이었습니다.
- 그 주유소는 새벽에 (운영을) 중단합니다.

Día 15

297

ganador de concurso

당첨자, 우승자, 수상자

- Se reparten las invitaciones para los ganadores de nuestros concursos.
- El ganador del concurso obtendrá un premio en metálico y una noche de hotel.
- Esta noche se indicará quién es el ganador del concurso.
- La ganadora del concurso no fue a recibir su premio porque estaba fuera del país.

· 우리 대회의 우승자들에게 초대장이 배포됩니다.
· 대회 우승자는 상금과 호텔에서의 1일 숙박권을 받게 될 것입니다.
· 오늘 밤 대회 우승자가 발표될 것입니다.
· 대회 우승자는 해외에 있어서 상을 받으러 오지 못했습니다.

298

gastar (una) broma

장난치다

- No me gusta que me gasten bromas porque me parece que se ríen de mí.
- Juan le gastó una broma a Pedro y le dijo que le había tocado la lotería.
- Cuando le dijo que se marchaba le pareció que le estaba gastando una broma.
- María no tiene sentido del humor: no aguanta que le gasten bromas.

· 나는 사람들이 날 놀리는 것 같아서 장난치는 것을 좋아하지 않는다.
· 후안은 페드로에게 복권에 당첨됐다고 말하면서 장난쳤다.
· 그가 떠난다고 했을 때 장난치는 것처럼 들렸다.
· 마리아는 유머 감각이 없다. 장난치는 것을 참지 못한다.

299

gastos de gestión   제반/기타 경비, 관리비

- En la notaría han dicho que nos van a cobrar los gastos de gestión.
- No quiero cambiarme de compañía de la luz porque creo que hay que pagar los gastos de gestión.
- El gobierno está tomando medidas para que los ciudadanos no tengan que asumir los gastos de gestión de algunos trámites.
- 공증 사무소에서 제반 경비를 청구할 거라고 했습니다.
- 나는 기타 경비를 내야 할 것 같아서 전력 회사를 바꾸고 싶지 않습니다.
- 정부는 시민들이 일부 절차의 제반 경비를 부담하지 않도록 조치를 취하고 있습니다.

300

gota a gota   조금씩, 한 방울씩

- Han cortado el agua, pero con lo poco que sale del grifo voy llenando una botella gota a gota.
- Gota a gota se va acabando mi paciencia.
- Los problemas van incrementándose gota a gota.
- 물이 끊겼지만, 나는 수도꼭지에서 조금씩 나오는 물로 병을 한 방울씩 채우고 있습니다.
- 조금씩 내 인내심이 바닥나고 있습니다.
- 문제들이 조금씩 점점 더 쌓여 가고 있어요.

Día 16

301

hablando y hablando 계속 이야기를 해서, 지속적인 대화로

- Mis vecinas se pasan la vida hablando y hablando en la escalera.
- Después de estar un buen rato hablando y hablando no llegamos a ninguna solución.
- Aunque yo tenía mucha prisa, me llamó mi madre y estuvo un montón de tiempo hablando y hablando.
- Creo que no es una cuestión de estar hablando y hablando sin parar, sino de decidir qué hacemos.

- 내 이웃들은 계단에서 계속 이야기하며 많은 시간을 보냅니다.
- 한참 동안 계속 이야기했지만 아무런 해결책에 도달하지 못했습니다.
- 나는 매우 바빴지만, 엄마가 전화를 해서 한참 동안 계속 이야기했습니다.
- 계속 이야기만 할 게 아니라 우리가 무엇을 할지 결정하는 게 중요하다고 생각합니다.

302

hablar de / sobre ~   ~에 대해 말하다

- A propósito de las últimas elecciones, estuvimos todo el tiempo hablando de / sobre política.
- Está muy mal hablar de los demás.
- Tenemos que hablar de / sobre la siguiente novela que vamos a elegir para nuestra tertulia.
- En los ascensores siempre se habla del tiempo.

- 최근 선거와 관련하여, 우리는 계속 정치에 대해 이야기했다.
- 다른 사람들에 대해 얘기하는 것은 매우 나쁘다.
- 우리 독서 모임을 위해 다음에 읽을 소설에 대해 이야기해야 한다.
- 엘리베이터에서는 항상 날씨 이야기를 한다.

303

hace tiempo que ~ ~한 지 오래됐다

- Hace tiempo que no te escribía, perdóname.
- Creo que hace tiempo que deberíamos haber buscado una solución al problema.
- Hace tiempo que no voy a mi pueblo.
- Hace tiempo que no quedamos con los amigos de la universidad.

- 오랫동안 연락을 못했네. 미안해.
- 우리는 이 문제에 대한 해결책을 오래전부터 찾았어야 했다고 생각합니다.
- 나는 고향에 가지 않은 지 오래됐다.
- 우리는 대학 친구들과 만나지 않은 지 오래됐다.

304

hacer buenas / malas migas 사이가 좋다/나쁘다, 잘 지내다

- Es mejor que ellos no trabajen juntos porque no hacen buenas migas.
- Desde el primer día, hicimos buenas migas con nuestros vecinos y ahora somos muy amigos.
- Pedro siempre ha hecho malas migas con su cuñado: no se soportan.

- 그들은 사이가 좋지 않기 때문에 함께 일하지 않는 게 좋다.
- 첫날부터 우리는 이웃들과 잘 지냈고, 지금은 아주 친한 친구가 되었다.
- 페드로는 항상 처남과 사이가 좋지 않았다. 서로를 참지 못한다.

Día 16

305

hacer caso

신경 쓰다, 관심을 갖다, 말을 듣다, ~을 따르다

- Estos niños están muy maleducados: no hacen caso a nadie.
- Hazme caso y no vayas por esa carretera.
- Hicimos caso de las recomendaciones y comimos en un restaurante fantástico.
- Es imposible hacer caso a todo el mundo.

· 이 아이들은 예의가 없어. 아무도 신경을 쓰지 않아.
· 내 말을 들어. 그 도로로 가지 마.
· 우리는 추천을 따라서 환상적인 레스토랑에서 식사했다.
· 모든 사람의 말을 다 들을 수는 없다.

306

hacer cola

줄을 서다

- En esta parada siempre hay que hacer cola para coger el autobús.
- Después de hacer la cola, ya no quedaban entradas.
- Hicimos una cola de tres horas para entrar al concierto.

· 이 정류장에서는 항상 버스를 타기 위해 줄을 서야 한다.
· 줄을 섰는데 표가 이미 다 팔렸다.
· 우리는 콘서트에 들어가기 위해 3시간 동안 줄을 섰다.

307

hacer cosas de mucho nivel   수준 높게 일하다

- **A** ¿Qué te parece si cenamos en el nuevo restaurante?
- **B** Pues, no sé, ¿tienes alguna referencia de si es bueno?
- **A** Sí, me han dicho que hacen cosas de mucho nivel, muy elaboradas y muy ricas.
- **B** Lo malo es que será muy caro…

- **A** 새로 생긴 레스토랑에서 저녁 먹는 게 어때?
- **B** 글쎄, 잘 모르겠네. 맛있다는 평은 들어 봤어?
- **A** 응, 수준 높은 요리를 하고, 정교하고 맛있다고 들었어.
- **B** 안 좋은 점은 비싸다는 것이야……

308

hacer ejercicio   운동하다, 연습하다

- El doctor le ha recomendado hacer ejercicio para que se recupere lo antes posible.
- A mí me gusta hacer ejercicio a primera hora de la mañana.
- Han dicho en televisión que todo el mundo debería hacer ejercicio diariamente.
- Además de una dieta, es importante hacer ejercicio si quieres adelgazar.

- 의사가 빨리 회복하기 위해 운동을 하라고 그에게 권했다.
- 나는 아침 일찍 운동하는 것을 좋아한다.
- 텔레비전에서 모든 사람이 매일 운동을 해야 한다고 했다.
- 다이어트 이외에, 살을 빼고 싶으면 운동하는 것이 중요하다.

Día 16

309

hacer excursiones
피크닉을 가다, 야외로 가다

- Recuerdo que en la escuela primaria siempre hacíamos excursiones al campo.
- Te recomiendo hacer excursiones por los alrededores de la ciudad.
- Este fin de semana haremos una excursión al pueblo de Andrés.

- 초등학교 때 우리는 항상 야외로 소풍을 갔던 것이 기억난다.
- 나는 너에게 도시 근교로 소풍 가는 것을 추천한다.
- 우리는 이번 주말에 안드레스의 마을로 소풍을 갈 거다.

310

hacer fiestas
축하 파티를 열다, 칭찬하다, 좋아하다

- Como ha aprobado los exámenes, le han hecho muchas fiestas.
- Creo que Juan está enamorado de María y por eso hace fiestas de todo lo que ella dice.
- El pastel de mi madre estaba tan rico que todo el mundo le hizo muchas fiestas cuando lo probó.

- 그가 시험에 합격해서 다들 많이 축하 파티를 해 주었다.
- 후안이 마리아를 사랑하는 것 같아서 그녀가 하는 말마다 다 좋아하더라.
- 엄마가 만든 케이크가 너무 맛있어서 다들 먹어 보고 칭찬을 많이 했어.

311

hacer gimnasia 운동하다, 체조하다

A Mi padre va todos los días a hacer gimnasia al parque.
B ¿No va a un gimnasio?
A No, el ayuntamiento ha puesto unos aparatos de gimnasia en el parque para las personas mayores.
B Pues es una buena idea.

A 나의 아버지는 매일 공원에 가서 운동을 하세요.
B 헬스장에 안 가시나요?
A 아니요, 시청에서 노인들을 위해 공원에 운동 기구들을 설치했어요.
B 그거 좋은 생각이네요.

312

hacer ilusión 기대하다, 기뻐하다

- ¿Qué es lo que más ilusión te hace de tu viaje por el Caribe?
- A los fans les hizo mucha ilusión poder saludar a su cantante favorito.
- Me hace mucha ilusión publicar mi primera novela.
- Creo que a Juan no le hizo ilusión nuestro regalo.

- 너는 카리브 여행에서 가장 기대되는 게 뭐야?
- 팬들은 좋아하는 가수를 직접 만날 수 있어서 정말 기뻤어요.
- 나는 내 첫 소설을 출판하게 되어 정말 기쁩니다.
- 후안은 우리가 준 선물을 별로 기뻐하지 않은 것 같다.

Día 16

313

hacer juicios   판단하다

- **A** ¿Por qué estás enfadado con Miguel?
- **B** Porque no me gustan las personas que hacen juicios de los demás.
- **A** Es verdad, no hay que juzgar a nadie, y menos sin tener toda la información.
- **B** Y tampoco hay que hacer juicios precipitados.

- **A** 왜 미겔한테 화가 났어?
- **B** 나는 다른 사람을 판단하는 사람들이 싫어서.
- **A** 맞아, 우리는 아무도 판단하면 안 돼. 특히 모든 정보도 없이.
- **B** 그리고 성급한 판단도 하면 안 되지.

314

hacer la compra   장을 보다, 쇼핑하다

- Tenemos que hacer la compra pronto porque no hay nada en la nevera.
- Cada día es más caro hacer la compra.
- Los chicos jóvenes suelen hacer la compra por internet.
- Me gusta hacer la compra en el supermercado de la esquina porque los productos son más frescos.

- 냉장고에 아무것도 없어서, 우리는 곧 장을 봐야 합니다.
- 매일 장보기가 점점 더 비싸집니다.
- 젊은이들은 보통 인터넷으로 쇼핑을 합니다.
- 모퉁이에 있는 슈퍼마켓에서 장보기를 좋아합니다. 왜냐면 제품들이 더 신선하거든요.

315

hacer la pelota   아부하다

- Él ha conseguido un ascenso por hacer la pelota al jefe.
- Ella estaba haciendo la pelota al vendedor para ver si conseguía una rebaja.
- No me gustan los alumnos que le hacen la pelota al profesor.

- 그는 상사에게 아부해서 승진했다.
- 그녀는 할인을 받으려고 판매원에게 아부하고 있었다.
- 나는 선생님께 아부하는 학생들이 마음에 안 들어.

316

hacer novillos   수업을 빼먹다

- Antes no había control en las clases y se podía hacer novillos.
- Le expulsaron del colegio por hacer novillos.
- La madre le castigó porque supo que había hecho novillos.
- Si haces novillos te pierdes las explicaciones de clase.

- 예전에는 수업에 대한 통제가 없어서 수업을 빼먹을 수 있었다.
- 그는 수업을 빼먹어서 학교에서 퇴학당했다.
- 엄마는 아이가 수업을 빼먹은 것을 알고 벌을 주었다.
- 수업을 빼먹으면 수업 설명을 놓치게 된다.

Día 16

317

hacer obras 공사하다

- No puedo aparcar en la calle porque hay obras.
- Hemos comprado un piso, pero tenemos que hacer obras para remodelarlo.
- Han hecho obras en la cafetería de la universidad y la han dejado muy espaciosa.
- Mis vecinos están haciendo obras y el ruido es insoportable.

  - 공사 중이라서 나는 길가에 주차할 수 없다.
  - 우리는 아파트를 샀는데, 리모델링하기 위해 공사를 해야 합니다.
  - 대학교 카페테리아를 공사해서 매우 넓어졌다.
  - 이웃이 공사 중이라서 소음을 견딜 수 없다.

318

hacer prácticas / una pasantía 인턴으로 일하다, 실습하다

- Mi prima está haciendo prácticas /una pasantía en un despacho de abogados.
- Si estudias en esta universidad puedes hacer prácticas en centros médicos.
- Algunas empresas no pagan a las personas que están haciendo prácticas.

  - 내 사촌은 법률 사무소에서 인턴십을 하고 있어요.
  - 이 대학교에서 공부하면 의료 센터에서 실습을 할 수 있어요.
  - 일부 회사들은 인턴으로 일하는 사람들에게 급여를 지급하지 않아요.

319

hacer turismo 관광하다, 여행하다

A Este verano vamos a ir a un campamento ecológico.
B Pues yo voy a hacer turismo por unas islas del Pacífico.
A A mí es que no me gusta hacer un turismo tradicional.
B Mi idea también es explorar la naturaleza.

A 이번 여름에 우리는 생태 캠프에 갈 거예요.
B 저는 태평양 섬들을 여행할 거예요.
A 저는 전통적인 관광은 별로 좋아하지 않아요.
B 저도 자연을 탐험하려고 해요.

320

hacer un alto 잠시 멈추다, 중단하다, 휴식을 취하다

- Hemos hecho un alto en el viaje para comer.
- Yo estaba tan estresada que tuve que hacer un alto en el trabajo para relajarme.
- Debéis hacer un alto en el camino si organizáis una excursión tan larga.

- 우리는 여행 중에 식사하기 위해 잠시 멈췄다.
- 나는 너무 스트레스를 받아서 일을 잠시 중단하고 휴식을 취해야 했다.
- 너희가 그렇게 긴 여행을 계획한다면 중간에 휴식을 취해야 한다.

Día 17

321

hacer un viaje   여행하다

- Al final del curso los estudiantes harán un viaje por Europa.
- Con la crisis cada vez es más difícil hacer un viaje al extranjero.
- Hemos hecho un viaje maravilloso por el centro de África.

· 학기 말에 학생들은 유럽 여행을 할 겁니다.
· 경제 위기로 인해 해외 여행이 점점 더 어려워지고 있습니다.
· 우리는 아프리카 중부를 통해 멋진 여행을 했습니다.

322

hacer una encuesta   설문조사를 하다

- Antes de las elecciones siempre hacen una encuesta.
- Anoche me llamaron por teléfono para hacerme una encuesta.
- Para obtener resultados más fiables es necesario hacer una encuesta.
- Hicieron una encuesta para saber desde cuándo tenían móviles los niños.

· 선거 전에는 항상 설문조사를 합니다.
· 어젯밤에 설문조사를 하려고 나한테 전화가 왔어요.
· 더 신뢰할 만한 결과를 얻으려면 설문조사를 하는 것이 필요합니다.
· 아이들이 언제부터 휴대폰을 가지고 있었는지 알아 보기 위해 설문조사를 했습니다.

323

hacer una revisión
점검하다, 검사하다

- Un empleado puede visitar su casa para hacer una revisión.
- El estudiante pidió hacer una revisión de su examen.
- Tengo que hacerme una revisión de la vista porque creo que no veo bien.
- Mañana hay que hacer la revisión al coche. ✱

- 직원이 점검을 하기 위해 댁을 방문할 수 있습니다.
- 학생이 자신의 시험 재검토를 요청했어요.
- 나는 잘 안 보이는 것 같아서, 시력 검사를 받아야 합니다.
- 내일 자동차 점검을 해야 합니다.

324

hacer uso de ~
~을 사용하다, 활용하다

- Es importante hacer un buen uso de la tecnología, porque, de lo contrario, puede ser un peligro.
- Mis alumnos no hicieron uso del diccionario durante el examen.
- Los constructores han hecho uso de los mejores materiales para construir el edificio.

- 기술을 잘 사용하는 것이 중요합니다. 그렇지 않으면 위험할 수 있습니다.
- 시험 동안 학생들이 사전을 사용하지 않았습니다.
- 건설업자들이 건물을 짓는 데 최고의 자재들을 사용했습니다.

✱ 이 문장에서 다른 문장들과 달리 전치사 a를 사용한 이유는, coche가 간접 목적어로 쓰였기 때문입니다. 다음 문장을 예로 보면 더 쉽게 이해할 수 있습니다. Revisar los frenos al coche.는 '자동차에게(자동차를 위해) 브레이크를 점검한다'의 의미로, 즉 자동차가 점검의 수혜자임을 나타냅니다. 이 문장은 '동사(revisar)+직접 목적어(los frenos)+간접 목적어(al coche)' 구조로 되어 있습니다.

Día 17

325

hacer(se) fotos   사진을 찍다

- Los jóvenes siempre quieren hacerse fotos con sus cantantes favoritos.
- Hicieron muchísimas fotos en su luna de miel.
- A mi cuñado le gusta hacer fotos a las plantas y flores del campo.
- En los museos no dejan hacer fotos con flash.

- 젊은이들은 항상 자신이 좋아하는 가수들과 사진을 찍고 싶어 합니다.
- 그들은 신혼여행에서 수많은 사진을 찍었습니다.
- 제 형부는 들판의 식물과 꽃을 사진 찍는 것을 좋아합니다.
- 박물관에서는 플래시를 사용한 사진 촬영이 허용되지 않습니다.

326

hacer(se) la competencia   경쟁하다

- Juan tuvo que cerrar su negocio porque otro le hizo la competencia.
- En las empresas es muy normal hacerse la competencia unos a otros.
- Hay una guerra entre dos cadenas de televisión que se hacen la competencia.

- 후안은 다른 사람이 경쟁을 해서 가게를 닫아야 했습니다.
- 기업들 사이에서 서로 경쟁하는 것은 매우 일반적입니다.
- 서로 경쟁하는 두 방송국 사이에 전쟁이 벌어지고 있습니다.

327

hacerse a sí mismo   자수성가하다

A Antonio ha llegado a ser presidente de su empresa.
B Sí, su ascenso ha sido rapidísimo.
A Y eso que es un hombre que no tiene ni muchos estudios ni muchos apoyos.
B Es lo que se llama un hombre hecho a sí mismo.

A 안토니오가 자기 회사의 사장이 되었어요.
B 네, 그의 승진이 매우 빨랐어요.
A 그것도 많은 학력이나 후원도 없는 사람인데 말이에요.
B 이런 걸 자수성가한 사람이라고 하죠.

328

hacerse cargo de ~   ~을 책임지다

- Me haré cargo de los gatos de mi vecino mientras ellos están de viaje.
- El hotel no se hace cargo de los objetos olvidados en la habitación.
- Estoy cansado de tu actitud porque nunca te haces cargo de los problemas ni intentas resolverlos.
- El seguro se hará cargo de los daños ocasionados en la vivienda.

· 이웃이 여행 간 동안 그들의 고양이들을 내가 책임집니다.
· 호텔은 객실에 놓고 간 물건들에 대해 책임지지 않습니다.
· 네가 문제들에 대해 전혀 책임지지 않고 해결하려고도 하지 않아서, 너의 태도에 지쳤다.
· 보험이 주택에 발생한 피해를 책임질 겁니다.

Día 17

329
hacerse daño   다치다, 해롭다

- Juan se cayó por la escalera y se hizo daño en un tobillo.
- Una mala alimentación te hace daño a la salud.
- Me he hecho daño en la espalda por cargar tanto peso.
- Si no cambias de actitud te harás daño a ti mismo.

  - 후안이 계단에서 넘어져서 발목을 다쳤습니다.
  - 잘못된 식습관은 건강에 해롭습니다.
  - 나는 너무 무거운 것을 들어서 등을 다쳤습니다.
  - 너의 태도를 바꾸지 않으면, 스스로를 다치게 할 것이다.

330
hacer(se) entrega de ~   ~을 전달하다, 수여하다

- Hicieron entrega del premio al jugador más joven.
- Por fin se ha hecho entrega de las ayudas que los afectados habían solicitado.
- La inmobiliaria ya ha hecho entrega de las llaves del piso a mis amigos.

  - 가장 어린 선수에게 상을 수여했습니다.
  - 마침내 피해자들이 신청했던 지원금이 전달되었습니다.
  - 부동산이 이미 내 친구들에게 아파트 열쇠를 전달했습니다.

331

hacerse el sueco   모른 척하다

A Estoy muy enfadado con Pedro.
B ¿Por qué? Yo creía que erais muy amigos.
A Sí, incluso le presté dinero. Pero ahora, cada vez que me ve, me ignora.
B Vamos, que se hace el sueco cuando os encontráis.

A 나는 페드로한테 엄청 화났어.
B 왜? 난 너희가 아주 친한 친구인 줄 알았는데.
A 응, 심지어 돈도 빌려줬어. 하지만 이제는 날 볼 때마다 무시해.
B 그러니까, 마주칠 때마다 모른 척한다는 거네.

332

hasta incluso   심지어 ~까지

A ¿Qué has hecho estos días?
B He estado descansando.
A Pues yo he hecho la compra para toda la semana y hasta incluso me ha dado tiempo a cocinar para tres días.
B ¡Eso sí que es aprovechar el tiempo!

A 요즘 뭐하고 지냈어?
B 쉬고 있었어.
A 난 일주일치 장을 봤고 심지어 3일치 음식까지도 미리 해 놨어.
B 와, 시간 활용 정말 잘했네!

Día 17

333

horario fijo   정해진 근무 시간

- A He encontrado un nuevo trabajo en una oficina.
- B ¿Vas a dejar el restaurante?
- A Sí porque en la oficina tengo un horario fijo.
- B Lo entiendo perfectamente. En los restaurantes no se acaba nunca de trabajar… no hay horario.

- A 나는 사무실에서 새로운 일을 찾았어.
- B 레스토랑을 그만둘 거야?
- A 응, 사무실에서는 정해진 근무 시간이 있으니까.
- B 완전히 이해해. 레스토랑에서는 일이 끝나지 않잖아…… 정해진 근무 시간이 없지.

334

hoy en día   오늘날, 요즘

- Hoy en día solo se habla de los problemas económicos.
- Los jóvenes de hoy en día pasan demasiado tiempo con el móvil.
- La inteligencia artificial es uno de los grandes retos de hoy en día.

- 요즘에는 경제 문제만 이야기한다.
- 요즘 젊은이들은 휴대폰과 너무 많은 시간을 보낸다.
- 인공지능은 오늘날 가장 큰 과제 중 하나이다.

335

igual + ind. (어쩌면) ~할지도 모른다

- Igual mañana vamos al cine.
- Me dijo que igual se apuntaba a una academia para aprender francés.
- Igual llueve este fin de semana.

· 우리는 내일 영화 보러 갈지도 몰라.
· 그는 프랑스어를 배우기 위해 학원에 등록할지도 모른다고 했어.
· 이번 주말에 (어쩌면) 비가 올지도 몰라.

336

importar un pepino 전혀 상관없다, 관심이 전혀 없다

- A muchos jóvenes la política les importa un pepino.
- Pedro me dijo que le importaba un pepino mi opinión.
- Me importa un pepino que llueva, voy a salir de todas formas.

· 많은 젊은이들은 정치에 관심이 전혀 없어.
· 페드로는 내 의견은 자기한테 전혀 상관없다고 했어.
· 나는 비가 오든 말든 상관없어, 어쨌든 나갈 거야.

Día 17

337

inspirado en ~ ~에서 영감을 얻은

- Esta película está inspirada en una novela.
- El relato está inspirado en sus años universitarios.
- Dicen que la canción está inspirada en su antigua novia.
- No me gustan los cuadros inspirados en la mitología.

  - 이 영화는 소설에서 영감을 받았다.
  - 이 이야기는 그의 대학 시절에서 영감을 받았다.
  - 그 노래는 그의 옛 여자친구에게서 영감을 받았다고 한다.
  - 신화에서 영감을 받은 그림들이 마음에 들지 않는다.

338

inteligencia emocional 감정 지능 지수, EQ

- A Hay un gran debate sobre la inteligencia emocional.
- B Sí, porque las personas tenemos cada vez menos empatía.
- A Pues en las empresas valoran mucho a las personas que tienen esta cualidad.
- B No me extraña, sin inteligencia emocional el mundo estaría más deshumanizado.

  - A 감성 지능에 대해 큰 논쟁이 있어요.
  - B 네, 사람들이 점점 더 공감 능력이 부족해지고 있거든요.
  - A 기업들은 이런 자질을 가진 사람들을 매우 높이 평가하죠.
  - B 당연하죠(난 이상하지 않아), 감성 지능이 없다면 세상은 더 비인간화될 거예요.

339

invita la casa   내가 쏘다, 한턱내다

A ¡¡He conseguido el trabajo!!
B ¡Qué alegría! ¡Felicidades!
A Así que tómate lo que quieras, que hoy invita la casa.
B Pues muchas gracias.

A 일자리를 구했어!
B 정말 기쁘다! 축하해!
A 그러니까 오늘은 내가 쏠 테니까 먹고 싶은 거 먹어.
B 정말 고마워.

340

ir a contracorriente   거스르다, 역행하다

- Ten paciencia, los adolescentes siempre quieren ir a contracorriente.
- No soporto a las personas que se oponen a todo y que van a contracorriente por sistema.
- Han tomado unas decisiones claramente a contracorriente de lo que se había acordado en la anterior reunión.

- 인내심을 가져라, 청소년들은 항상 대세를 거스르려고 해요.
- 나는 모든 것에 반대하고 습관적으로 대세를 거스르는 사람들을 견딜 수 없다.
- 이전 회의에서 합의된 것과는 명백히 역행되는 결정들을 내렸다.

Día 18

341

ir a la moda

유행을 따르다

- Mi amiga gasta mucho en ropa porque le gusta ir a la moda.
- En la fiesta en la que estuvimos todo el mundo iba a la moda.
- A pesar de sus años, mi abuela todavía quiere ir a la moda.

· 내 친구는 유행을 따르는 것을 좋아해서 옷에 많은 돈을 씁니다.
· 우리가 갔던 파티에서 모든 사람들이 유행을 따르는 (옷차림을) 하고 있었어요.
· 나이가 많으심에도 불구하고, 할머니는 아직도 유행을 따르고 싶어 하세요.

342

ir a lo mío / tuyo / suyo

자기 일만 하다, 자기 것만 챙기다

- La verdad es que no tengo amigos en la oficina, pero tampoco me importa: yo voy a lo mío, hago mi trabajo y me vuelvo a mi casa.
- No soporto el egoísmo de mis vecinos: siempre van a lo suyo y no piensan que vivimos en comunidad.
- Si cada uno va a lo suyo es imposible realizar un trabajo en grupo.
- Si quieres ser padre, olvídate de ir a lo tuyo y no pensar más que en lo que a ti te gusta.

· 사실 사무실에 친구는 없지만, 신경 쓰지도 않는다: 나는 내 일만 하고, 업무를 마치면 집으로 돌아간다.
· 이웃들의 이기심을 참을 수가 없다: 항상 자기 일만 챙기고 우리가 공동체에서 산다는 것을 생각하지 않는다.
· 각자 자기 일만 한다면 팀 작업을 하는 것은 불가능하다.
· 아버지가 되고 싶다면, 자기 일만 하고 자신이 좋아하는 것만 생각하는 것은 잊어버려라.

343

ir a pie 걸어가다

- Juan siempre que puede va a pie al trabajo.
- ¿Vas en metro a la universidad o a pie?
- Hemos ido a pie hasta lo alto de la montaña para ver las vistas.
- Llevamos mucho tiempo sentados en el coche, así que ahora queremos ir a pie hasta la playa.

  - 후안은 가능한 한 직장에 걸어서 갑니다.
  - 당신은 대학교에 지하철로 가나요, 아니면 걸어서 가나요?
  - 우리는 전망을 보기 위해 산 정상까지 걸어서 갔습니다.
  - 우리는 차 안에서 오래 앉아 있었으니, 이제는 해변까지 걸어가고 싶어요.

344

ir al grano 요점을 말하다, 핵심을 짚다, 본론으로 들어가다

- Odio a las personas que hablan mucho y no van al grano.
- Si quieres mantener la atención del público, debes ir al grano.
- Fue una reunión muy larga: habría agradecido que el ponente fuera al grano.
- Este artículo va al grano y cuenta lo esencial de la noticia.

  - 나는 말만 많고 요점을 말하지 않는 사람들을 싫어한다.
  - 청중의 관심을 유지하고 싶다면, 핵심을 짚어야 한다.
  - 회의가 너무 길었어. 발표자가 본론으로 들어갔더라면 좋았을 텐데.
  - 이 기사는 핵심을 짚어서 뉴스의 요점만 전달하고 있다.

Día 18

345

ir bien arreglado(-a)   잘 차려입다, 깔끔하게 차려입다

- Antes los invitados iban muy bien arreglados a las bodas.
- Juan tiene una entrevista de trabajo y por eso va hoy tan bien arreglado.
- Yo no salgo de casa si no voy bien arreglada.
- Mi vecina está siempre en la peluquería porque le gusta ir bien arreglada.

- 예전에는 하객들이 결혼식에 매우 깔끔하게 차려입고 갔다.
- 후안은 취업 면접이 있어서 오늘 그렇게 잘 차려입었다.
- 나는 잘 차려입지 않으면 집 밖에 나가지 않는다.
- 우리 이웃은 항상 깔끔하게 차려입기를 좋아해서 미용실에 자주 간다.

346

ir bien vestido   옷을 잘 입다, 잘 차려입다

- Nos han dicho que, para la fiesta de la graduación, hay que ir bien vestido.
- Juan iba muy bien vestido porque tenía una entrevista de trabajo.
- Los famosos de las revistas siempre van bien vestidos.
- Ir bien vestido es una carta de presentación para los demás.

- 졸업식 파티에는 옷을 잘 차려입어야 한다고 우리에게 말했어요.
- 후안은 취업 면접이 있어서 옷을 잘 차려입었습니다.
- 잡지에 나오는 유명인들은 항상 옷을 잘 입는다.
- 잘 차려입은 옷차림은 다른 사람들에게 자신을 보여주는 명함과 같아요.

347

ir de excursión 피크닉/소풍을 가다

- Los niños irán de excursión a la montaña.
- Echo mucho de menos aquellos domingos en que toda la familia iba de excursión.
- Vamos de excursión en autobús, que es más barato.
- Siempre que vamos de excursión, llueve.

· 아이들이 산으로 피크닉을 갈 겁니다.
· 나는 온 가족이 소풍 가던 그 일요일들이 많이 그리워요.
· 우리는 버스로 소풍을 가요, 더 저렴하거든요.
· 우리가 소풍 갈 때마다 비가 와요.

348

ir de tiendas 가게에 가다, 쇼핑을 하다

- ¿Te apetece ir de tiendas conmigo el sábado? Es que tengo que comprarme ropa.
- Yo odio ir de tiendas porque nunca encuentro nada a buen precio.
- Mi amiga nunca se decide, por eso no le gusta ir de tiendas sola.
- Siempre llevo zapatos cómodos si voy de tiendas.

· 토요일에 나랑 같이 쇼핑하러 갈래? 옷을 사야 하거든.
· 난 쇼핑하는 걸 싫어해, 좋은 가격으로 아무것도 찾을 수 없거든.
· 내 친구는 결정을 잘 못 내려서 혼자 쇼핑하는 걸 좋아하지 않아.
· 나는 쇼핑하러 갈 때는 항상 편한 신발을 신어.

Día 18

349

ir dirigido a ~   ~을 위한 것이다, ~을 향하다, ~이 대상이다

- La película va dirigida a adolescentes.
- En una caja había un montón de cartas que iban dirigidas a mi hermano.
- Su trabajo va dirigido a la ayuda humanitaria.

  - 그 영화는 청소년을 대상으로 하고 있다.
  - 상자 안에는 제 동생에게 보내진(향한) 편지가 잔뜩 들어 있었다.
  - 그의 일은 인도적 지원을 위한 것이다.

350

ir viento en popa   순조롭게 진행되다, (순풍에 돛 단 듯이) 잘 되다

- A Juan le va muy bien: su negocio va viento en popa.
- Creo que se casarán pronto porque su relación va viento en popa.
- La nueva tienda va viento en popa: siempre hay gente comprando.
- El proyecto ya tiene todos los permisos, así que va viento en popa.

  - 후안은 아주 잘 지내. 그의 사업이 순조롭게 진행되고 있어.
  - 그들의 관계가 순풍에 돛 단 듯이 잘 되고 있어서 곧 결혼할 것 같아.
  - 새 가게가 아주 잘 되고 있어. 항상 손님들로 붐비고 있어.
  - 프로젝트가 모든 허가를 받아서 순조롭게 진행되고 있다.

351
ir(se) de viaje   여행을 가다

- Es que Ana no va a poder ir porque se va de viaje.
- Mis vecinos se han ido de viaje y me han dejado la llave de su casa.
- Cada vez sale más caro ir de viaje en verano.
- Siempre que me voy de viaje vuelvo con un montón de regalos.

- 아나는 여행을 가야 해서 못 올 거다.
- 이웃들이 여행을 떠나며 집 열쇠를 나에게 맡겼다.
- 여름에 여행 가는 비용이 점점 더 비싸지고 있다.
- 나는 여행을 갈 때면 언제나 선물을 잔뜩 사 온다.

352
irse al paro   실업자가 되다

- Han cerrado la fábrica y muchos trabajadores se han ido al paro.
- Él no soportaba a sus compañeros y ha preferido dejar el trabajo e irse al paro.
- Si te vas al paro, vas a tener dificultades económicas.

- 공장이 문을 닫아서 많은 직원들이 실업자가 되었습니다.
- 그는 동료들을 견딜 수 없어서 일을 그만두고 실업자가 되는 것을 선택했습니다.
- 실업자가 되면, 경제적 어려움을 겪게 될 겁니다.

353

irse con el agua   물에 지워지다

- No te preocupes, que esa mancha seguro que se va con el agua.
- Las algas que estaban en la orilla se han ido con el agua.
- El polvo que había en las ventanas se ha ido con el agua porque ha llovido mucho.

  - 걱정하지 마, 그 얼룩은 분명 물로 지워질 거야.
  - 물가에 있던 해초들이 물과 함께 떠내려갔어.
  - 창문에 있던 먼지가 비가 많이 와서 물에 지워졌어.

354

jornada completa   풀타임 근무

- No quiero un trabajo a jornada completa porque tengo que cuidar de mis hijos.
- Piensa que si trabajas a jornada completa vas a ganar más dinero.
- La jornada completa es muy estresante porque estás muchas horas en la oficina.

  - 나는 아이들을 돌봐야 해서 풀타임으로 일하고 싶지 않습니다.
  - 네가 풀타임으로 일하면 돈을 더 벌 수 있다는 걸 생각해 봐.
  - 풀타임 근무는 사무실에서 많은 시간을 보내야 해서 정말 스트레스가 많아요.

355

jornada flexible   유연 근무

- Los padres con hijos pequeños necesitan tener jornadas flexibles.
- Si eres tu propio jefe, las jornadas de trabajo son más flexibles.
- No es fácil tener una jornada flexible si trabajas en la campaña de Navidad.
- Juan sale antes del trabajo porque tiene una jornada flexible.

· 어린 자녀가 있는 부모들은 유연 근무 시간을 필요로 합니다.
· 당신이 자영업자라면 근무 시간이 더 유연해요.
· 크리스마스 시즌에 일하면 너는 유연한 근무 시간을 가지기가 쉽지 않다.
· 후안은 유연 근무제 덕분에 일찍 퇴근합니다.

356

jugar malas pasadas   곤란/난처하게 하다

- El coche otra vez me ha jugado una mala pasada porque se ha vuelto a estropear.
- Mi vecino me jugó una mala pasada cuando me gastó aquella broma pesada.
- El tiempo nos ha jugado una mala pasada porque se ha puesto a diluviar nada más salir.
- El banco le jugó una mala pasada cuando no le concedió el crédito.

· 차가 또 고장 나서 나를 곤란하게 했다.
· 제 이웃이 그 짓궂은 장난을 쳐서 나를 난처하게 했다.
· 갑자기 폭우가 쏟아져서 우리를 곤란하게 만들었다
· 은행이 대출을 승인하지 않아서 그를 곤란하게 했다.

Día 18

357

juego completo　　(한) 세트

- He comprado un juego completo de vasos porque cada vez teníamos menos.
- En el hotel nos han dado un juego completo de toallas para cada uno.
- Mi marido quiere un juego completo de herramientas de bricolaje para su cumpleaños.

- 컵이 점점 줄어서, 나는 한 세트를 새로 샀어요.
- 호텔에서 우리 각자에게 수건 한 세트를 줬어요.
- 제 남편은 생일 선물로 수리 공구 세트를 원해요.

358

jugar con las cartas marcadas　　속임수를 쓰다, 불공정한 방법을 쓰다

- A No entiendo por qué Juan siempre tiene más información que los demás.
- B Porque es amigo del director.
- A Está claro que juega con las cartas marcadas y por eso tiene ventaja.
- B Sí, pero no es un comportamiento muy ético.

- A 후안이 왜 항상 다른 사람들보다 더 많은 정보를 갖고 있는지 이해가 안 가.
- B 그가 사장님과 친구라서 그래.
- A 분명히 속임수를 써서 이득을 보고 있어.
- B 맞아, 하지만 그건 윤리적이지 않은 행동이야.

359

jugarse la vida 목숨을 걸다

- Los bomberos se jugaron la vida en aquel incendio.
- Si vas muy rápido en el coche te estás jugando la vida.
- Pedro se jugó la vida cuando atravesó aquel desierto.
- No merece la pena jugarse la vida por algo tan poco importante.

- 소방관들은 그 화재에서 목숨을 걸었다.
- 네가 차를 너무 빨리 몰면 목숨을 거는 거야.
- 페드로는 저 사막을 건널 때 목숨을 걸었다.
- 그렇게 중요하지 않은 일로 목숨을 거는 건 가치가 없어.

360

lanzar ~ al mercado ~을 시장에 출시하다

- Han lanzado al mercado un nuevo tipo de leche para veganos.
- Me han contratado en una empresa para que lance nuevos productos al mercado.
- Las estrategias de márquetin tienen en cuenta los gustos del público antes de lanzar novedades al mercado.

- 비건(채식주의자)을 위한 새로운 종류의 우유가 시장에 출시되었습니다.
- 새로운 제품을 시장에 출시하기 위해 나는 한 회사에 고용되었다.
- 마케팅 전략은 신제품을 출시하기 전에 대중의 취향을 고려합니다.

Día 19

361

lanzar productos (물품) 출시하다, 발매하다

- Es habitual que actores, cantantes y otros famosos lancen productos comerciales como colonias, etc. ✱
- En Navidad se lanzan nuevos productos para incentivar el consumo.
- Los bancos cada vez lanzan más productos para captar clientes.

· 배우, 가수, 그리고 다른 유명인들이 향수 같은 상업 제품을 출시하는 것은 흔한 일입니다.
· 크리스마스 시즌에는 소비를 촉진하기 위해 새로운 제품들이 출시됩니다.
· 은행들은 점점 더 많은 상품을 출시해 고객을 유치하려고 합니다.

362

lanzar una campaña 캠페인을 시작하다/전개하다

- Ya se ha lanzado la campaña de solidaridad de este año.
- El grupo político lanzó su campaña electoral ayer.
- La empresa ha lanzado una campaña de márquetin bastante agresiva.
- Hay que lanzar una nueva campaña para vender más productos.

· 올해의 자선 캠페인이 시작되었다.
· 정당이 어제 선거 캠페인을 시작했다.
· 회사가 꽤 공격적인 마케팅 캠페인을 전개했다.
· 제품을 더 많이 팔기 위해 새로운 캠페인을 시작해야 한다.

✱ habitual, lógico는 100% 확신을 나타내지 않기 때문에, 이 경우에도 접속법을 사용합니다.
 "Es habitual que llueva en primavera."
 "Es lógico que tengan miedo." ('lógico', aunque pueda parecerlo, no es sinónimo de verdad evidente o seguro.)
 "Es increíble que hayamos ganado."

363

las ~ primeras personas   선착순 ~명

- La empresa va a regalar unos relojes a las cinco primeras personas.
- Obtendrán beca las 20 primeras personas de la promoción.
- Las diez primeras personas que llegaron a la tienda tuvieron una rebaja en sus compras.

- 회사는 선착순 다섯 명에게 시계를 선물할 겁니다.
- 올해 입학생(학번) 중 선착순 20명은 장학금을 받게 될 것이다.
- 가게에 도착한 선착순 열 명은 구매 시 할인을 받았다.

364

liarse la manta a la cabeza   용기를 내다, 과감히 결정하다, 무작정 저지르다

- Me gustó tanto el piso que me lie la manta a la cabeza y fui a solicitar la hipoteca para comprarlo.
- Carlos se ha liado la manta a la cabeza y, por fin, le ha pedido matrimonio a su novia.
- Nos hemos liado la manta a la cabeza y hemos decidido irnos a pasar un fin de semana fuera.
- Juan no es un hombre de liarse la manta a la cabeza y tomar decisiones precipitadas, lo piensa todo mucho.

- 나는 그 집이 너무 마음에 들어서 용기를 내어 집을 사기 위해 대출을 신청했다.
- 카를로스는 용기를 내어 마침내 여자친구에게 청혼했다.
- 우리는 과감히 결정하고 주말에 여행을 가기로 했다.
- 후안은 성급하게 결정하고 무작정 저지르는 사람이 아니야, 모든 걸 깊이 생각하는 편이야.

Día 19

365

línea de productos   제품 라인

- Esta marca de cosméticos ha sacado una nueva línea de productos para personas mayores.
- La línea de productos lácteos de este supermercado es muy variada.
- Están promocionando una línea de productos alimenticios sin ningún conservante artificial.
- A las empresas les interesa variar su línea de productos para tener más consumidores.

- 이 화장품 브랜드는 노인을 위한 새로운 제품 라인을 출시했습니다.
- 이 슈퍼마켓의 유제품 라인은 매우 다양합니다.
- 인공 방부제가 전혀 없는 식품 라인을 홍보하고 있습니다.
- 기업들은 소비자를 더 많이 확보하기 위해 제품 라인을 다양화하는 데 관심이 있습니다.

366

llamar la atención   주의를 끌다, 놀라게 하다, 주목받다

- Me llama mucho la atención que sigas hablando con María a pesar de que dices que no te cae bien.
- Nos llamó la atención que Juan no viniera a la cena porque todos le esperábamos.
- El divorcio de estos famosos ha llamado mucho la atención por lo inesperado.
- A veces, los adolescentes solo quieren llamar la atención con su actitud rebelde.

- 너는 마리아를 별로 좋아하지 않으면서 계속 그녀와 이야기하는 것이 나는 매우 놀랍다.
- 우리 모두가 후안을 기다리고 있었기 때문에 그가 저녁 식사에 오지 않은 것이 주의를 끌었다.
- 이 유명인의 이혼은 그 예상치 못한 상황 때문에 매우 주목을 받았다.
- 때때로, 청소년들은 단지 반항적인 태도로 주목을 받고 싶어 합니다.

367

llegar a + inf.　　~되다

- Juan llegó a ser abogado.
- Está claro que este niño llegará a ser lo que se proponga, porque tiene muchas aptitudes.
- Después de ver los ejemplos, los alumnos llegaron a comprender la explicación del profesor.
- Él acumuló tanto dinero que llegó a tener varias casas en el centro de la ciudad.

  · 후안은 변호사가 되었다.
  · 이 아이가 가진 많은 재능 때문에 분명히 자신이 원하는 무엇이든 될 수 있을 것이다.
  · 예시들을 본 후에 학생들은 교수의 설명을 완전히 이해하게 되었다.
  · 그는 너무 많은 돈을 모아서 결국 도시 중심부에 여러 채의 집을 갖게 되었다.

368

llegar a fin de mes　월말까지 버티다, 한 달을 버티다

- Los productos básicos son cada vez más caros, de manera que no es fácil llegar a fin de mes.
- Ellos tuvieron que pedir un crédito porque no llegaban a fin de mes.
- Cuando tienes muchos hijos resulta más complicado llegar a fin de mes.
- Creo que es más difícil llegar a fin de mes en las ciudades que en los pueblos.

  · 기본 생필품이 점점 더 비싸져서 월말까지 버티기가 쉽지 않다.
  · 그들은 월말까지 버티기 힘들어서 대출을 받아야 했다.
  · 자녀가 많을 때는 한 달을 버티는 것이 더 복잡해진다.
  · 도시에서는 마을보다 한 달을 버티기가 더 어렵다고 생각한다.

Día 19

369

llegar a las manos   주먹다짐하다, 손찌검하다

- La violencia es inaceptable: puedes discutir, pero no llegar a las manos.
- Se enfadaron por una tontería y llegaron a las manos.
- Mis cuñados no se hablan porque una vez llegaron a las manos.
- El cliente no estaba de acuerdo con la cuenta y casi llega a las manos con el dueño del restaurante.

- 폭력은 용납할 수 없습니다. 말다툼은 할 수 있지만, 주먹다짐은 안 됩니다.
- 그들은 사소한 일로 화가 나서 손찌검을 했었다.
- 내 처남들이 한 번 주먹다짐을 한 이후로 서로 말을 하지 않습니다.
- 손님이 계산서에 동의하지 않아서 식당 주인과 거의 주먹다짐할 뻔했습니다.

370

llegar a tiempo   제시간에/제때 도착하다

- Llegué a tiempo de mandar el paquete antes de que cerraran.
- Como no te des prisa, no vamos a llegar a tiempo a la fiesta.
- No llegó a tiempo a coger el autobús y tuvo que ir andando.
- El avión no llegó a tiempo y los pasajeros perdieron su escala.

- 나는 (우체국이) 문을 닫기 전에 소포를 보내려고 제시간에 도착했다.
- 네가 서두르지 않으면 우리는 파티에 제시간에 도착하지 못할 거야.
- 나는 버스를 탈 시간에 제때 도착하지 못해서 걸어가야 했다.
- 비행기가 제시간에 도착하지 못해서 승객들은 환승편을 놓쳤다.

371
llegar en ~ mes(es) ~개월 후에 도착하다

- Mis familiares de Argentina llegarán en seis meses.
- Nos han dicho que el nuevo modelo de coche llegará en tres meses a los concesionarios.
- Si te encuentras estresado por el trabajo, piensa que en dos meses llegarán las vacaciones.
- Los materiales que hemos pedido llegarán en un mes porque son difíciles de conseguir.

- 아르헨티나에 있는 내 가족들은 6개월 후에 도착할 것이다.
- 새 자동차 모델이 3개월 후에 대리점에 도착할 것이라고 우리에게 말했다.
- 네가 만약 일로 인해 스트레스를 받고 있다면, 2개월 후에 휴가가 올 것을 생각해.
- 우리가 주문한 재료들은 구하기 어려워서 1개월 후에 도착할 것이다.

372
llevar a cabo 수행하다, 시행하다, 제작하다

- El laboratorio llevó a cabo su proyecto de investigación.
- Los alumnos deben ser responsables y llevar a cabo sus tareas.
- Las obras de restauración del edificio se llevaron a cabo el año pasado.
- El director llevó a cabo su película con muy poco presupuesto.

- 연구소는 자신들의 연구 프로젝트를 수행했다.
- 학생들은 책임감 있게 자신들의 과제를 수행해야 한다.
- 건물의 복원 공사는 작년에 수행되었다.
- 감독은 매우 적은 예산으로 자신의 영화를 제작했다.

Día 19

373

llevar a + inf.   ~하게 만들다

- El enfado de Miguel le llevó a dejar de hablar con su amigo.
- Hoy llevarán a los jugadores a entrenar a un nuevo campo.
- Ellos llevaron a los niños a pasear por el parque.
- Esta semana llevaré a mis padres a comer a un buen restaurante.

· 미겔의 분노는 그가 친구와 말하기를 중단하게 만들었다.
· 오늘 선수들을 새로운 운동장에서 훈련하도록 데려갈 것이다.
· 그들은 아이들을 공원에 산책하러 데려갔다.
· 이번 주에 나는 부모님을 좋은 레스토랑에 모시고 가서 식사할 것이다.

374

llevar a la práctica   실행하다

A Estoy pensando en un nuevo modelo de negocio.
B ¿En qué consiste?
A En realizar una serie de exportaciones a bajo coste…
B La idea está muy bien, pero seguro que no es fácil de llevar a la práctica.

A 새로운 사업 모델을 구상 중이야.
B 어떤 거야?
A 저비용으로 수출을 하는 건데…
B 아이디어는 좋은데, 실행하기는 쉽지 않을 것 같아.

375

llevar bien / mal 적응하다/적응하기 힘들다, 받아들이다/받아들이기 어렵다

- No llevo bien madrugar tanto.
- Los niños han llevado muy bien el cambio de colegio.
- Llevo mal tener que encontrarme todos los días con mi exnovio.
- Luis no lleva nada bien tener que compartir piso con otros estudiantes.

- 나는 이렇게 일찍 일어나는 것에 적응이 안 된다.
- 아이들은 전학을 아주 잘 받아들였어.
- 나는 매일 전 남자친구를 만나야 하는 게 힘들어.
- 루이스는 다른 학생들과 함께 살아야 하는 것을 전혀 잘 받아들이지 못하고 있어.

376

llevar un tiempo detrás de alguien 누구의 뒤를 따라다니다/뒤따라다니다, 주시하다

- Antonio lleva un tiempo detrás de su compañera de trabajo, pero no parece que consiga nada.
- Él llevaba un tiempo detrás de su vecina y finalmente se hicieron novios.
- Cuando llevas un tiempo detrás de alguien y no te hacen caso, es mejor abandonar.

- 안토니오는 한동안 직장 동료를 쫓아다니고 있지만, 아무런 성과가 없는 것 같다.
- 그는 한동안 그의 이웃 여자를 쫓아다녔고 마침내 그들은 연인이 되었다.
- 누군가를 한동안 쫓아다녔는데도 관심을 보이지 않으면, 포기하는 것이 좋다.

377

llevar(se) la contraria

반대하다, 반항하다

- Estos dos hermanos siempre se están llevando la contraria: nunca se ponen de acuerdo en nada.
- Los políticos de los distintos partidos se llevan la contraria por sistema.
- A mí no me gusta llevar la contraria a mis padres, porque al final suelen tener razón.
- A Juan no le gustó que su amigo le llevara la contraria en público.
- 이 두 형제는 항상 서로 반대하고 있다. 그들은 어떤 것도 결코 동의하지 않는다.
- 다른 정당의 정치인들은 체계적으로 서로 반대한다.
- 나는 부모님께 반대하는 것을 좋아하지 않는다. 왜냐하면 결국 그들이 대개 옳기 때문이다.
- 후안은 친구가 공개적으로 자신에게 반대하는 것을 좋아하지 않았다.

378

lo antes posible

가능한 한 빨리

- Dijeron que nos darían los resultados lo antes posible.
- Intentamos terminar el trabajo lo antes posible.
- Me han confirmado que llegarán lo antes posible, pero seguro que tendremos que esperar.
- En el restaurante dicen que tendrán lista la mesa lo antes posible.
- 그들은 가능한 한 빨리 결과를 알려 주겠다고 말했다.
- 우리는 가능한 한 빨리 일을 끝내려고 노력했다.
- 그들이 가능한 한 빨리 도착하겠다고 확인해 주었지만, 우리는 분명히 기다려야 할 것이다.
- 레스토랑에서는 가능한 한 빨리 테이블을 준비하겠다고 말한다.

379

lo mucho que me / te / le cuesta
~에게 얼마나 힘든지/어려운지

- Sé lo mucho que te cuesta aprender matemáticas.
- Hablaron sobre lo mucho que les costaba expresar sus emociones.
- No te imaginas lo mucho que me ha costado perdonar a María.
- Es importante reflexionar sobre lo mucho que les cuesta a los niños cambiar de hábitos.

· 나는 네가 수학을 배우는 게 얼마나 힘든지 알고 있다.
· 그들은 감정을 표현하는 것이 얼마나 어려운지에 대해 이야기했습니다.
· 마리아를 용서하는 게 얼마나 힘들었는지 너는 상상도 못할 거야.
· 아이들이 습관을 바꾸는 것이 얼마나 어려운지에 대해 생각해 보는 것이 중요합니다.

380

mal sabor de boca
씁쓸한/찜찜한 기분으로

- La película era muy violenta y me dejó mal sabor de boca.
- Después de discutir con mi amiga, me fui a casa con mal sabor de boca.
- Luis me ha pedido perdón porque se había quedado con mal sabor de boca después de no acompañarme al médico.

· 영화가 매우 폭력적이어서 찜찜한 기분을 남겼다.
· 친구와 말다툼을 한 후, 나는 씁쓸한 기분으로 집에 돌아갔다.
· 루이스는 병원에 나와 동행하지 못한 후 찜찜한 기분이 들어서 나에게 사과했다.

Día 20

381

mandar saludos 안부를 전하다

- Hablé con Juan, pero me olvidé de mandar saludos a su mujer.
- Mis padres te mandan saludos.
- Ella escribió un correo en el que mandaba saludos a sus antiguos compañeros.

· 후안과 얘기했는데, 그의 아내에게 안부 전하는 걸 잊어버렸어.
· 우리 부모님이 안부 전하셨어.
· 그녀는 예전 동료들에게 안부를 전하는 이메일을 썼어.

382

marcas blancas 노브랜드, 자체 브랜드

- Las marcas blancas de los productos siempre son más baratas.
- A algunas personas no les gusta comprar marcas blancas porque no se fían.
- Las marcas blancas del supermercado de la esquina son muy recomendables.

· 자체 브랜드 제품은 항상 더 저렴하다.
· 일부 사람들은 자체 브랜드를 신뢰하지 않기 때문에 구매하기를 꺼린다.
· 모퉁이에 있는 슈퍼마켓의 노브랜드는 매우 추천할 만하다.

383

más que nada   무엇보다도

A ¿Sobre qué hora vas a llegar al aeropuerto?
B Espero estar sobre las 7 hs.
A ¡¡Qué pronto!!
B Sí, quiero salir pronto de casa, más que nada para evitar el atasco.

A 공항에 몇 시쯤 도착할 거야?
B 7시쯤 도착할 것 같아.
A 엄청 일찍이다!
B 응, 무엇보다도 교통 체증을 피하려고 일찍 집에서 나가려고 해.

384

media jornada   파트타임, 시간제 근무

- Como ahora tengo un trabajo de media jornada puedo pasar más tiempo con mis hijos.
- Hay problemas en la empresa y han reducido todos los turnos a media jornada.
- Juan cobra menos que yo porque su trabajo es de media jornada nada más.
- Mi hermano solo trabaja media jornada porque todavía tiene que acabar sus estudios.

- 나는 지금은 시간제 근무를 하고 있어서 아이들과 더 많은 시간을 보낼 수 있습니다.
- 회사에 문제가 생겨 모든 근무 시간이 시간제 근무로 줄어들었다.
- 후안은 단지 파트타임 일만 해서 나보다 월급이 적다.
- 내 동생은 학업을 끝내야 해서 시간제 근무만 하고 있다.

Día 20

385

mejor que nunca   어느 때보다 더 좋은, 더할 나위 없이 잘

- Hacía muchos años que no veía a Pedro y le he encontrado mejor que nunca.
- Después de las vacaciones me siento mejor que nunca.
- Hemos venido muchas veces a este restaurante, pero creo que hoy hemos comido mejor que nunca.
- Creo que esta vez él va a aprobar las oposiciones porque la exposición le ha salido mejor que nunca.

- 페드로를 오랜만에 봤는데, 그가 어느 때보다 더 좋아 보였어요.
- 휴가 후에 나는 어느 때보다 더 좋은 기분이에요.
- 우리는 이 레스토랑에 여러 번 왔지만, 오늘이 어느 때보다 맛있게 먹은 것 같아요.
- 나는 이번에는 그가 공무원 시험에 합격할 것이라 믿는다. 발표가 더할 나위 없이 잘 됐기 때문이다.

386

mejor si ~   ~라면 더 좋다, ~이 더 낫다

A El próximo domingo viene toda mi familia del norte.
B ¿Y dónde les vas a alojar? ¿En tu casa?
A Pues todavía no lo he pensado.
B En mi opinión, mejor si buscas un hotel para todos, ¿no crees?

A 이번 주 일요일에 북쪽에 있는 가족들이 모두 와.
B 어디에 그들을 묵게 할 거야? 너의 집에서?
A 음, 아직 생각해 보지 않았어.
B 내 생각에는 모두를 위해 호텔을 찾는 게 더 나을 것 같은데, 그렇지 않겠어?

387

menos mal 다행히

- **Menos mal** que he encontrado las gafas, porque sin ellas no veo nada.
- **Menos mal** que hemos aprobado todo el curso.
- **Menos mal** que me has recordado el cumpleaños de mamá.
- **Menos mal** que he salido temprano, porque había mucho tráfico.

· 다행히 안경을 찾았어, 없으면 아무것도 안 보여.
· 다행히 우리 전 과목 다 합격했어.
· 엄마 생일 기억나게 해 줘서 다행이야.
· 다행히 일찍 나왔어, 교통 체증이 심했거든.

388

meter la pata 실수하다, 실수를 저지르다

- Siento **haber metido la pata** al descubrir tu secreto.
- **He metido la pata** porque me olvidé que se trataba de una fiesta sorpresa.
- **Hemos metido la pata** al no tener en cuenta que María es vegetariana.

· 나는 네 비밀을 밝히는 실수를 저질렀네, 미안해.
· 나는 깜짝 파티라는 걸 잊어버려서 실수했다.
· 우리는 마리아가 채식주의자라는 걸 고려하지 않아서 실수를 저질렀다.

Día 20

389

meterse en un lío 문제에 휘말리다, 곤란한 상황에 빠지다

- Me he encontrado una cartera y voy a llevarla a la policía, que no quiero meterme en un lío.
- Pedro se ha metido en un lío: ha intentado copiar en el examen.
- Intentar robar en un supermercado es meterse en un lío seguro.

· 지갑을 주웠는데 경찰서에 가져다줄 거야, 나는 문제에 휘말리고 싶지 않거든.
· 페드로가 시험에서 커닝하려다가 곤란한 상황에 빠졌어.
· 슈퍼마켓에서 도둑질하려고 하는 건 확실히 문제에 휘말리는 거다.

390

montar un(-a) ~ 사업하다, 개업하다, 진행하다

- En este país no es fácil montar un negocio porque no hay ayudas.
- Mis vecinos han montado un restaurante en la costa y les va bien.
- En esta carrera los alumnos deben montar un proyecto final en el último año.
- Ahora está muy de moda montar un curso on line.

· 이 나라에서는 지원이 없어서 사업을 하기가 쉽지 않아요.
· 내 이웃들은 해안가에 식당을 개업했는데, 잘되고 있습니다.
· 이 전공에서는 학생들이 마지막 해에 최종 프로젝트를 해야 합니다.
· 요즘은 온라인 코스를 진행하는 것이 유행이다.

391

muy hecho(-a) (filete / carne)

(스테이크) 웰던(well-done)

- Nos preguntaron si queríamos la carne **muy hecha**, poco hecha o al punto.
- Me pone un filete de ternera **muy hecho**, por favor.
- A mi hermano le gusta la carne **muy hecha**.
- Odio la carne **muy hecha** porque pierde sabor.

· 우리에게 고기를 웰던, 레어, 또는 미디엄으로 먹을지 물어봤어요.
· 나는 소고기 스테이크를 웰던으로 부탁드려요.
· 제 동생은 고기를 웰던으로 먹는 걸 좋아해요.
· 나는 고기를 웰던으로 먹는 걸 싫어해요. 맛이 없어지거든요.

392

nada es mejor que ~

~보다 더 좋은 것은 없다,
~만한 것이 없다

- Si estás estresado, **nada es mejor que** unas buenas vacaciones.
- Opino que, para acompañar la carne, **nada es mejor que** un vino tinto.
- **Nada es mejor que** una comida con amigos para disfrutar del fin de semana.
- Para adelgazar, **nada es mejor que** hacer ejercicio.

· 스트레스를 받았을 때는 휴가보다 더 좋은 것이 없습니다.
· 나는 고기와 함께하기에는 레드 와인만한 것이 없다고 생각한다.
· 주말을 즐기기에는 친구들과의 식사만한 것이 없습니다.
· 체중 감량을 위해서는 운동보다 더 좋은 것이 없습니다.

Día 20

393

ni mucho menos   전혀 아니다, 절대 안 된다

- A El domingo te invito a comer.
- B No, mejor te invito yo en mi casa.
- A ¡Ni mucho menos! Siempre me estás invitando tú.
- B De acuerdo, te dejo pagar esta vez.

- A 일요일에 내가 밥 살게.
- B 아니야, 내가 너를 우리 집에 초대하는 것이 좋겠어.
- A 절대 안 돼! 너는 항상 나를 대접하잖아.
- B 알았어, 이번에는 네가 내도록 할게.

394

no decir nada a alguien   누구에게 아무런 의미가 없다

- La novela me dejó indiferente; al menos a mí no me dice nada.
- Ellos querían regalar a los novios algo especial, no el típico adorno para la casa que no te dice nada.
- A mí su cara no me dice nada… al menos yo no me acuerdo de haberle visto antes.
- ¿No te dice nada este nombre? Yo creo que se trata de una persona conocida.

- 그 소설은 나에게 아무 감흥도 주지 않았다. 적어도 나에게는 아무런 의미가 없다.
- 그들은 신혼부부에게 특별한 것을 선물하고 싶었다. 아무런 의미 없는 전형적인 집 장식품이 아닌 것으로.
- 나에게 그의 얼굴은 아무런 의미도 떠올리게 하지 않는다. 적어도 나는 그를 전에 본 적이 있다는 기억이 없다.
- 이 이름이 너에게 아무런 의미가 없니? 나는 이 사람이 유명인일 것 같은데.

395

no es otro que ~   ~은 다름 아닌 ~이다

- A Por fin mañana te presentaré a Juan.
- B ¿Quién es Juan? No me acuerdo.
- A Juan no es otro que el amigo del que te hablé.
- B ¡¡Es cierto!! Tengo muchas ganas de conocerlo.

- A 드디어 내일 너에게 후안을 소개해 줄게.
- B 후안이 누구지? 난 기억이 안 나네.
- A 후안은 다른 사람이 아니라 내가 너에게 말했던 그 친구야.
- B 아, 맞다! 난 그를 정말 만나 보고 싶어.

396

no haber roto un plato en la vida   문제를 한 번도 안 일으키다

- A ¿Qué piensas del nuevo compañero de trabajo?
- B Parece que no ha roto un plato en la vida.
- A Sí, parece buena persona.
- B Todo el mundo habla muy bien de él.

- A 새로운 직장 동료 어떻게 생각해?
- B 평생 문제 한 번도 안 일으킨 사람처럼 보이네.
- A 응, 좋은 사람 같아.
- B 모두들 그에 대해 좋게 말하더라.

Día 20

397

no habría sido posible sin ~

~없이는 불가능했다

- Este proyecto no habría sido posible sin tu ayuda.
- La colaboración no habría sido posible sin el apoyo económico del presidente.
- La paz no habría sido posible sin la mediación de otros países.

- 이 프로젝트는 당신의 도움 없이는 불가능했을 것입니다.
- 협력은 회장의 재정 지원 없이는 불가능했을 것입니다.
- 평화는 다른 국가들의 중재 없이는 불가능했을 것입니다.

398

no hacer gracia

불쾌하다, 재미없다

- No me hace ninguna gracia que me gastes bromas continuamente.
- A los políticos no les hace gracia que les pregunten por su vida personal.
- No le hizo gracia tener que cambiar todos sus planes.
- Creo que a nadie le hace gracia tener que madrugar todos los días.

- 네가 계속 농담하는 게 전혀 재미없다.
- 정치인들은 자신의 사생활에 대해 질문받는 것을 좋아하지 않는다.
- 모든 계획을 바꿔야 하는 것이 불쾌하다.
- 내 생각에는 매일 일찍 일어나야 하는 것은 아무도 좋아하지 않을 거다.

399

no pegar ojo (en toda la noche)   밤을 새다, 한숨도 못 자다

- Con tantas preocupaciones, Luis no pegó ojo en toda la noche.
- Ayer no pegué ojo porque le estuve dando vueltas al proyecto.
- Mi madre no pega ojo hasta que no llegamos todos a casa.
- A él le dolía la cabeza, así que no pegó ojo en toda la noche.

- 루이스는 걱정이 너무 많아서 밤새 한숨도 못 잤다.
- 어제는 프로젝트 생각하느라 밤을 샜다.
- 우리가 모두 집에 돌아올 때까지 어머니는 잠을 못 주무셨다.
- 그는 머리가 아파서 밤새 한숨도 못 잤다.

400

no pintar nada   아무런 의미가 없다

A He roto con mi novio.
B ¿Por qué? Llevabais muchos años juntos, ¿no?
A Sí, pero yo sentía que no pintaba nada en su vida: no contaba conmigo para sus planes de futuro.
B Entonces has hecho bien en dejarlo.

A 남자친구랑 헤어졌어.
B 왜? 오래 사귀었잖아, 그치?
A 응, 하지만 난 그의 삶에서 아무런 의미가 없다고 느꼈어. 그는 미래 계획에 나를 전혀 포함시키지 않았거든.
B 그럼 헤어진 게 잘한 결정이네.

Día 21

401

no poder solo   혼자서는 못 하다

- Ayúdame a bajar el juguete del armario, que no puedo solo.
- Ana se dio cuenta de que no podía sola con tantos gastos y decidió compartir piso.
- Él ofreció parte de su plato a los demás porque no podía solo con tanta comida.

- 장난감을 옷장에서 혼자서 내릴 수 없으니 도와줘.
- 아나는 혼자서는 이렇게 많은 지출을 감당할 수 없다는 것을 깨닫고 아파트를 셰어하기로 했다.
- 그는 혼자서는 그렇게 많은 음식을 먹을 수 없어서 다른 사람들에게 나눠 주었다.

402

no salir las cuentas   (계산해 봐도/계산해 보면) 말이 안 되다

- A Pedro ha dicho que el trabajo estará preparado mañana.
- B Pues a mí me parece imposible porque le quedaba mucho por hacer.
- A Yo opino igual que tú. A mí no me salen las cuentas.
- B A mí tampoco.

- A 페드로가 내일이면 일이 준비될 거라고 했어.
- B 근데 내가 보기엔 아직 할 일이 많이 남아서 불가능할 것 같아.
- A 나도 너의 말에 동의해. 내가 (계산해) 봐도 말이 안 되네.
- B 나도 그래.

403

no ser para tanto 그 정도까지는 아니다

A Juan nunca me coge el teléfono cuando le llamo.
B Estará ocupado.
A Pues no pienso volver a llamarle nunca más.
B Yo creo que no es para tanto: deberías darle otra oportunidad.

A 후안은 내가 전화할 때마다 절대 안 받아.
B 바빠서 그럴 거야.
A 난 다시는 안 걸 거야.
B 그 정도까지는 아니잖아. 한 번 더 기회를 주는 게 어때?

404

no ser plato de gusto 즐겁지 않다, 기분 좋은 일이 아니다

- No es plato de gusto que critiquen tu trabajo.
- Aunque no tengo más remedio que operarme del oído, reconozco que no es plato de gusto pasar por el quirófano.
- No fue plato de gusto para María que su exmarido se convirtiera en su compañero de oficina.
- Estoy de acuerdo en que no ha sido plato de gusto recordar a nuestro vecino que nos debe dinero.

- 네 일을 비판받는 것은 기분 좋은 일은 아니다.
- 내가 귀 수술을 받을 수밖에 없다고 해도, 수술실을 거쳐야 하는 것은 즐거운 일이 아니라는 걸 인정한다.
- 마리아에게 전 남편이 직장 동료가 된 것은 기분 좋은 일이 아니었다.
- 나는 우리 이웃에게 빚진 돈을 상기시켜 주는 것이 즐거운 일은 아니라는 데 동의한다.

Día 21

405

no te molestes 신경 쓰지 마!

- A Se nos ha acabado la tarta de limón.
- B ¿Y qué otros postres hay?
- A Solo fruta.
- B Entonces no te molestes, tomaré solo un café.

- A 레몬 케이크가 다 떨어졌어.
- B 다른 디저트는 뭐가 있어?
- A 과일밖에 없어.
- B 그럼 신경 쓰지 마, 커피만 마실게.

406

no tener más remedio que ~ ~할 수밖에 없다, 어쩔 수 없이 ~하다

- El profesor no tuvo más remedio que suspender al alumno porque tenía muchas faltas de ortografía.
- No tengo más remedio que cancelar la reunión porque debo salir de viaje.
- El guía dijo que no tenían más remedio que pagar la entrada si quería entrar al interior del palacio.
- Mi coche me está dando muchos problemas, así que no tengo más remedio que comprar otro.

- 선생님은 학생의 맞춤법 오류가 너무 많아서 어쩔 수 없이 낙제 점수를 주었다.
- 나는 출장을 가야 해서 회의를 취소할 수밖에 없었다.
- 가이드는 궁전 내부에 들어가려면 어쩔 수 없이 입장료를 내야 한다고 말했다.
- 내 차가 문제를 많이 일으켜서 새 차를 살 수밖에 없었다.

407

nunca ser tan fácil 이렇게 쉬운 것이 없다

- Comprar un coche nunca fue tan fácil.
- La publicidad de los bancos dice que nunca fue tan fácil obtener un crédito.
- Desde que existe Internet nunca ha sido tan fácil estar al día de la información.
- Nunca ha sido tan fácil viajar como ahora.

  - 자동차를 구매하는 것이 이렇게 쉬웠던 적이 없었다.
  - 은행 광고에서는 대출받기가 이렇게 쉬웠던 적이 없다고 말한다.
  - 인터넷이 생긴 이후로 새로운 정보를 얻는 것이 이렇게 쉬웠던 적이 없다.
  - 여행하기가 이렇게 쉬웠던 적이 없다.

408

nunca se sabe si ~ ~인지 (절대) 알 수 없다

- Nunca se sabe si habrá algún atasco.
- En esta región el clima es cambiante y nunca se sabe si va a llover.
- Con Juan nunca se sabe si va a venir o no.
- Los exámenes de esta asignatura son tan difíciles que nunca se sabe si vas a aprobar aunque estudies.

  - 교통 체증이 있을지 어떨지 알 수 없다.
  - 이 지역은 날씨가 변덕스러워서 비가 올지 안 올지 알 수 없다.
  - 후안은 올지 안 올지 알 수가 없다.
  - 이 과목의 시험은 너무 어려워서 공부해도 네가 통과할 수 있을지 알 수 없다.

Día 21

409
nunca (=jamás) visto antes
한 번도 본 적 없는, 전에 없던

- Hubo una tormenta jamás vista antes.
- El estreno de la película fue algo nunca visto antes: había muchísima gente.
- El deportista fue capaz de realizar un salto jamás visto antes.

- 전에 없던 폭풍이 있었다.
- 영화 개봉은 전례 없는 일이었다. 엄청나게 많은 사람들이 있었다.
- 그 운동 선수는 전에 없던 점프를 해냈다.

410
operar una obra
공사하다, 운영하다

- Se están operando una serie de obras en la calle principal de la ciudad.
- El próximo año se va a operar una obra en esta carretera.
- Se ha acordado un presupuesto para operar obras de jardinería en el centro.

- 도시의 메인 거리에서 여러 공사가 진행되고 있습니다.
- 내년에 이 도로에서 공사가 진행될 예정입니다.
- 시내 정원 공사를 위한 예산이 승인되었습니다.

411

organizar(se) una fiesta
파티를 열다/준비하다/계획하다

- Ya se están organizando las próximas fiestas tradicionales del pueblo.
- A los vecinos no les gusta que se organicen fiestas todos los fines de semana.
- He organizado la fiesta de cumpleaños de mi mejor amiga.
- Se organizó una gran fiesta cuando ganaron el campeonato.

· 마을의 다음 전통 축제가 이미 준비되고 있습니다.
· 주민들은 매주 주말에 축제가 열리는 것을 좋아하지 않습니다.
· 나는 내 가장 친한 친구의 생일 파티를 계획했습니다.
· 그들이 챔피언십에서 우승했을 때 큰 축제가 열렸습니다.

412

pago único
일시불

- Pregunté si podíamos pagar a plazos, pero me dijeron que no, que solo admitían un pago único.
- Hemos preferido hacer un pago único para que no nos cobren intereses.
- Ellos realizaron un pago único cuando compraron su coche.

· 나는 할부로 결제할 수 있는지 물어봤지만, 안 된다고 하고 오직 일시불만 가능하다고 했습니다.
· 우리는 이자를 물지 않으려고 일시불로 결제하는 것을 선택했습니다.
· 그들은 자동차를 구입할 때 일시불로 결제했습니다.

Día 21

413

paquetes turísticos   패키지 관광, 여행 패키지

- Estas vacaciones hemos contratado un paquete turístico en el que nos incluyen las visitas y las comidas.
- Los hoteles ofertan determinados paquetes turísticos a sus clientes con los recorridos típicos.
- En mi opinión los paquetes turísticos te condicionan mucho a la hora de viajar.
- Normalmente los paquetes turísticos son más baratos que los viajes no organizados.

- 이번 휴가에는 관광과 식사가 포함된 패키지 관광을 예약했습니다.
- 호텔들은 고객들에게 전형적인 여행 코스를 포함한 특정 여행 패키지를 제공합니다.
- 제 생각에 패키지 관광은 여행할 때 선택의 폭을 많이 제한합니다.
- 일반적으로 여행 패키지가 자유 여행보다 더 저렴합니다.

414

para mi / tu / su gusto   ~의 취향에는

- Para mi gusto, quizá la sopa está un poco salada.
- Preferimos las bodas íntimas y, por eso, para nuestro gusto, había demasiados invitados.
- El crítico manifestó que, para su gusto, en la película había demasiada acción.
- El discurso fue muy largo, para mi gusto.

- 제 취향에는 아마 이 수프가 조금 짠 것 같아요.
- 우리는 스몰 결혼식을 선호하기 때문에 우리 취향에는 손님이 너무 많았어요.
- 평론가는 자신의 취향에는 영화에 액션이 너무 많았다고 표현했습니다.
- 제 취향에는 연설이 너무 길었습니다.

415

para nada   어떤 방법으로도, 절대로

A ¿Te has molestado por lo que te dije el otro día?
B ¡Para nada! Agradezco tu sinceridad.
A Es que creo que alguien debía decirte la verdad.
B Es lo que deben hacer los amigos.

A 지난번에 내가 한 말 때문에 기분 나빴어?
B 전혀 아니야! 네 솔직함에 고마워.
A 누군가는 너에게 진실을 말해야 한다고 생각했어.
B 그게 친구가 해야 할 일이잖아.

416

para rato   오랫동안, 꽤 (시간이) 걸리다

- Cuando vi la cantidad de gente que había en urgencias, supe que íbamos para rato.
- Juan ha dicho que hay atasco así que tenemos para rato hasta que llegue.
- Hay para rato en este restaurante: siempre está lleno y tardan en servir.

- 내가 응급실에 있는 사람들의 수를 보았을 때, 시간이 꽤 걸릴 거라는 걸 알았다.
- 후안이 차가 막힌다고 해서, 그가 도착하려면 시간이 꽤 걸릴 것 같았다.
- 이 식당에서는 시간이 꽤 걸릴 거예요. 항상 붐비고 서빙도 오래 걸리거든요.

Día 21

417

para ser admitido (입학/입사)되려면, ~에 허가받기 위해

- Es imprescindible saber inglés para ser admitido en esta empresa.
- Hay que pasar un examen previo para ser admitido en mi universidad.
- La demanda debe estar redactada por un abogado para ser admitida en un juzgado.

· 이 회사에 입사하려면 영어를 아는 것이 필수적입니다.
· 내 대학에 입학하려면 사전 시험을 통과해야 합니다.
· 소송이 법원에서 접수되려면 변호사가 작성해야 합니다.

418

para siempre 영원히, 평생

- Ella me dijo que nuestra amistad sería para siempre.
- Espero poder vivir en esta casa para siempre porque me encanta.
- Se supone que este supermercado ha cerrado para siempre.
- Le dijeron que la medicación para la tensión sería ya para siempre.

· 우리의 우정이 영원할 거라고 그녀가 나에게 말했다.
· 이 집이 너무 좋아서 영원히 살 수 있기를 원한다.
· 이 슈퍼마켓이 영원히 문을 닫았다고 한다.
· 혈압약을 이제 평생 복용해야 한다고 그에게 말했다.

419

para / en toda / cualquier ocasión

어떤 상황이든, ~때마다

- Yo me compraría el vestido negro porque te va a servir para toda ocasión.
- En cualquier ocasión que nos vemos, evita saludarme.
- En cualquier ocasión que tiene, alardea de sus éxitos profesionales.
- Luis ha venido a visitarme en toda ocasión que ha podido.

· 어떤 상황에서든 입을 수 있으니, 나는 그 검은 드레스를 사는 게 좋을 것 같아요.
· 우리가 만날 때마다 나한테 인사하지 마라.
· 그는 기회가 있을 때마다 자신의 직업적 성공을 자랑합니다.
· 루이스는 가능할 때마다 나를 방문하러 왔다.

420

pasar de ~

~에 무관심하다, 관심 없다, 신경 쓰지 않다

- Yo paso de las discusiones inútiles.
- Ella me dijo que pasaba de mí y que no quería verme más.
- Creo que Juan pasa de los estudios y por eso no va a clase.
- Antes la gente pasaba de las cuestiones ecológicas, pero ahora hay mucha más concienciación.

· 나는 쓸데없는 논쟁은 관심 없다.
· 그녀는 나를 신경 쓰지 않겠다고 하면서 더 이상 보고 싶지 않다고 했다.
· 후안은 공부에 관심이 없어서 수업에 가지 않는 것 같다.
· 예전에는 사람들이 환경 문제에 대해 무관심했지만, 지금은 인식이 훨씬 더 높아졌습니다.

Día 22

421

pasar de moda   유행이 지나다

- Esa serie de televisión ya está pasada de moda.
- Mi hija quiere alisarse el pelo porque dice que los rizos están pasados de moda.
- La buena educación nunca pasará de moda.
- Espero que este estilo musical pase pronto de moda porque es horrible.
- 그 TV 시리즈는 이미 유행이 지났다.
- 제 딸은 곱슬머리가 유행이 지났다고 하면서 머리를 펴고 싶어 합니다.
- 좋은 예절은 절대 유행이 지나지 않을 겁니다.
- 이 음악 스타일은 너무 끔찍해서 빨리 유행이 지나기를 바랍니다.

422

pasar por alto   간과하다, 무시하다

- Hemos pasado por alto un dato y por eso el resultado es incorrecto.
- Él pasó por alto las recomendaciones del fabricante y la lavadora se le estropeó enseguida.
- No hay que pasar por alto la información meteorológica antes de subir a la montaña.
- Si pasas por alto mis consejos, estoy segura de que te irá mal.
- 우리는 한 가지 데이터를 간과해서 결과가 잘못되었다.
- 그는 제조사의 권장 사항을 무시했고, 그래서 세탁기가 곧바로 고장 났다.
- 산에 오르기 전에 일기예보를 간과해서는 안 된다.
- 내 조언을 무시한다면, 틀림없이 잘 안 될 겁니다.

423

pasar un buen / mal rato

즐거운/힘든 시간을 보내다

- No es tan importante la comida como pasar un buen rato con los amigos.
- El grupo de teatro me sirve para pasar un buen rato.
- Pasé un mal rato cuando me atraganté.
- Pasamos un mal rato al ver que llovía tanto.

· 음식보다는 친구들과 즐거운 시간을 보내는 것이 더 중요하다.
· 연극 모임은 내가 즐거운 시간을 보내는 데 도움이 된다.
· 나는 목에 음식이 걸렸을 때 힘든 시간을 보냈다.
· 우리는 비가 너무 많이 와서 힘든 시간을 보냈어요.

424

pasarlo bien

잘 지내다, 재밌게 보내다/놀다

- Seguro que vamos a pasarlo bien en este concierto.
- Lo pasaron tan bien en aquel lugar de vacaciones que repitieron al año siguiente.
- Los niños siempre lo pasan muy bien en Navidad.
- Los estudiantes lo pasaron muy bien en su fiesta de graduación.

· 우리는 이 콘서트에서 분명 재밌게 보낼 겁니다.
· 그들은 그 휴가지에서 너무 잘 지내서 다음 해에 또 갔다.
· 아이들은 크리스마스 때 항상 아주 재밌게 보낸다.
· 학생들은 졸업식 파티에서 아주 재밌게 보냈습니다.

Día 22

425

pedir (una) cita   약속을 잡다, 예약하다

- Si sigues con esa tos, debes pedir una cita para ir al médico.
- Juan le pidió una cita a María porque se había enamorado de ella.
- Me dijeron que debía pedir una cita por teléfono para renovar mi documentación.
- Hay que pedir cita para ver el palacio con un guía.

- 네가 기침을 계속하면, 병원 예약을 해야 한다.
- 후안은 마리아를 사랑하게 되어서 그녀에게 데이트를 신청했다.
- 서류를 갱신하려면 전화로 예약을 해야 한다고 나에게 말했다.
- 궁전을 가이드와 함께 보려면 예약을 해야 합니다.

426

pedir la mano   청혼하다, 프러포즈하다

- A Juan me ha dicho que este fin de semana va a pedir la mano de su novia.
- B ¡¡Pero si eso es algo muy antiguo!!
- A Bueno, es una manera de hablar, quiero decir que va a hacer una fiesta con su novia y las dos familias.
- B Vamos, la típica fiesta de compromiso.

- A 후안이 이번 주말에 여자친구에게 프러포즈할 거래.
- B 아니, 그건 너무 구식이잖아!
- A 음, 그냥 하는 말이야. 여자친구와 양가 가족들이 모여서 파티를 할 거라는 뜻이야.
- B 아, 전형적인 약혼식 파티네.

427

pedir la vez   차례/순서를 말하다

- Debes pedir la vez en la pescadería.
- En el banco no hay que pedir la vez, hay que sacar un número.
- Odio a la gente que no pide la vez y que intenta colarse.
- Como él estaba escuchando música con los auriculares, no oyó cuando le pidieron la vez.
  - 생선가게에서는 순서를 말해야 합니다.
  - 은행에서는 순서를 말할 필요 없이, 번호표를 뽑아야 합니다.
  - 차례도 말하지 않고 새치기하려는 사람들이 정말 싫습니다.
  - 그는 이어폰으로 음악을 듣고 있어서, 누군가 차례를 물어봤을 때 듣지 못했다.

428

pensión completa   숙식 일체, 1일 삼식

- El precio incluye pensión completa.
- Si contratas la pensión completa en el hotel te hacen descuento.
- Lo malo de la pensión completa es que te obliga a comer siempre en el mismo sitio.
- En los cruceros es bastante habitual elegir la pensión completa.
  - 가격에 숙식 일체가 포함되어 있습니다.
  - 호텔에서 숙식 일체 서비스를 신청하면 할인을 받을 수 있습니다.
  - 숙식 일체의 단점은 항상 같은 곳에서 식사를 해야 한다는 것이다.
  - 크루즈에서는 숙식 일체 서비스를 선택하는 것이 아주 일반적이다.

Día 22

429

perder la cabeza 정신을 못 차리다, 정신이 나가다

- Es un romántico de los que pierden la cabeza por amor.
- En vacaciones gastamos demasiado; yo creo que perdemos un poco la cabeza.
- Hemos perdido la cabeza: nos comunicamos por móvil con quien tenemos al lado.

· 그는 사랑 때문에 정신을 못 차리는 로맨티스트야.
· 휴가 때 돈을 너무 많이 썼어. 우리 좀 정신이 나간 것 같아.
· 우리 정말 정신이 나갔어. 바로 옆에 있는 사람이랑도 휴대폰으로 대화하잖아.

430

perder los papeles 화가 나다, 이성을 잃다

- Reconozco que soy capaz de perder los papeles si alguien se mete con mis hijos.
- Mucha gente pierde los papeles cuando conduce.
- Empezaron a discutir y a insultarse, vamos, que perdieron los papeles.

· 내가 자식들한테 무례하게 구는 사람이 있으면 확실히 화를 낼 수 있다는 걸 인정해.
· 많은 사람들이 운전할 때 화를 내고 이성을 잃어버려.
· 그들은 싸우기 시작하고 서로 욕을 하더니 결국 이성을 잃었어.

431

personal con experiencia

유경험자, 경력자

- En esta empresa solo contratan a personal con experiencia.
- Se nota que en estos grandes almacenes tienen a personal con experiencia, porque te aconsejan muy bien.
- Quiero contratar a personal con experiencia para que cuide de mis padres.
- 이 회사는 경력직만 채용합니다.
- 이 대형 매장에는 직원들이 유경험자여서 조언을 정말 잘해 줍니다.
- 부모님을 돌보실 경력 있는 분을 구하고 싶습니다.

432

personal especializado

전문가, 전문 인력

- El personal especializado siempre cobra más.
- No es fácil encontrar personal especializado en este tipo de trabajos.
- Casi todo el personal especializado de esta empresa proviene de otros países.
- 전문 인력은 항상 급여를 더 많이 받습니다.
- 이런 종류의 일을 할 전문 인력을 찾기가 쉽지 않다.
- 이 회사의 거의 모든 전문 인력은 다른 나라에서 왔다.

Día 22

433

pese a ~ ~에도 불구하고

- Le dejó entrar en el negocio pese a que dijo que nunca lo haría.
- Pese a la advertencia del profesor, ella siguió faltando a clase.
- Pedro salió de excursión pese a haber una alerta climatológica.
- Miguel encontró una solución al problema pese a su dificultad.

- 그가 절대 그렇게 하지 않겠다고 말했음에도 불구하고 그를 사업에 참여하게 했다.
- 선생님의 경고에도 불구하고 그녀는 계속해서 수업을 빠졌다.
- 기상 경보가 있었음에도 불구하고 페드로는 소풍을 떠났다.
- 문제의 어려움에도 불구하고 미겔은 해결책을 찾았다.

434

pillar de paso 가는 길이다

- Te puedo llevar a tu casa con mi coche porque me pilla de paso.
- Hoy compro yo la cena porque el supermercado me pilla de paso.
- Como no me pillaba de paso, no fui a visitar a mis tíos.
- Si me pilla de paso y tengo tiempo, visitaré el museo que me recomendaste.

- 내 차로 너를 집에 데려다줄 수 있어, 가는 길에 있거든.
- 오늘은 내가 저녁거리를 살게, 슈퍼마켓이 가는 길에 있으니까.
- 가는 길에 있지 않아서, 삼촌네를 방문하지 않았어.
- 가는 길에 있고 시간이 있다면, 네가 추천한 박물관에 들를게.

435

piso ático   테라스 아파트, 펜트하우스

- En los pisos áticos suele hacer más calor.
- Desde el piso ático las vistas son fabulosas.
- Me he comprado un piso ático, aunque era más caro que los otros.
- Este piso ático cuenta con una gran terraza.

· 펜트하우스에서는 보통 더 더운 편이다.
· 펜트하우스에서는 전망이 훌륭하다.
· 다른 집들보다 더 비쌌지만 펜트하우스를 샀다.
· 이 펜트하우스는 큰 테라스를 갖추고 있다.

436

poner en práctica   실천하다, 실행하다, 사용하다

- En su primer trabajo, ya él pudo poner en práctica lo que había aprendido en la universidad.
- Cuando ella viajó a España, pudo poner en práctica el español.
- Para saber si algo funciona, debes ponerlo en práctica.

· 첫 직장에서 그는 대학에서 배운 것을 실천할 수 있었습니다.
· 그녀가 스페인에 갔을 때, 스페인어를 실제로 사용할 수 있었습니다.
· 무언가가 작동하는지 알려면, 너는 그것을 실제로 해 봐야 한다.

Día 22

437

poner los cuernos 바람을 피우다

- Se han divorciado porque él le ponía los cuernos.
- Nunca soportaría que mi novio me pusiera los cuernos.
- No sospechaba que su mujer le pusiera los cuernos con el vecino.
- Contrató a un detective para saber si su marido le ponía los cuernos.

- 그가 바람을 피워서 이혼했다.
- 내 남자친구가 바람피우는 건 절대 참을 수 없다.
- 자기 아내가 이웃과 바람피우고 있다는 걸 의심하지 못했다.
- 남편이 바람을 피우는지 알아보려고 탐정을 고용했다.

438

poner un pie 육지를 밟다, 발을 들이다

- El viaje en barco fue muy incómodo, por eso ella se alegró cuando puso un pie en tierra firme.
- He tenido muchos problemas así que no quiero volver a poner un pie en esta empresa.
- Juan se enfadó y le dijo a Pedro que nunca más pondría un pie en su casa.

- 배 여행이 너무 불편해서, 그녀는 드디어 육지를 밟았을 때 기뻤다.
- 많은 문제가 있었기 때문에, 나는 이 회사에는 다시는 발도 들이지 않을 거야.
- 후안은 화가 나서 페드로에게 다시는 그의 집에 발을 들이지 않겠다고 말했다.

439

poner(se) de buen / mal humor
기분 좋게/나쁘게 하다

- Normalmente, la lluvia le pone de mal humor a ella.
- Me puse de muy buen humor cuando supe que había aprobado el examen.
- Encontrar a nuestra amiga de la universidad nos puso de muy buen humor.
- Cuando vi que habían acabado las obras de la calle, me puse de buen humor.

- 보통 비가 오면 그녀의 기분이 안 좋아집니다.
- 나는 시험에 합격했다는 것을 알았을 때 기분이 매우 좋아졌습니다.
- 대학 친구를 만나서 우리의 기분이 매우 좋아졌습니다.
- 거리 공사가 끝난 것을 보고, 나는 기분이 좋아졌습니다.

440

ponerse + adj.
~하게 되다, ~해지다

- A veces, Marta se pone triste porque no ve mucho a su familia.
- Cuando me pongo nerviosa por algo, no soy capaz de razonar.
- Miguel se puso muy alegre cuando le dieron la buena noticia.
- Juan se pone colorado cuando tiene que hablar en público.

- 가끔 마르타는 가족을 자주 보지 못해서 슬퍼합니다.
- 나는 뭔가 때문에 긴장하면 제대로 생각할 수가 없습니다.
- 미겔은 좋은 소식을 들었을 때 매우 기뻐했습니다.
- 후안은 대중 앞에서 말해야 할 때 얼굴이 빨개집니다.

Día 23

441

ponerse como un tomate
얼굴이 빨개지다

- Cada vez que tengo que hablar en público me pongo como un tomate.
- Ayer me caí en la calle y me dio tanta vergüenza que me puse como un tomate.
- Creo que a Juan le gusta María porque se pone como un tomate cada vez que la ve.
- Nos pusimos como un tomate cuando nos regañó el profesor.

· 내가 대중 앞에서 말할 때마다 얼굴이 새빨개져.
· 어제 길에서 넘어져서 너무 창피해서 얼굴이 빨개졌어.
· 후안이 마리아를 볼 때마다 얼굴이 빨개지는 걸 보니 그녀를 좋아하는 것 같아.
· 선생님께 혼날 때 우리 얼굴이 새빨개졌어.

442

ponerse de acuerdo
동의하다, 합의하다

- Es un matrimonio idílico, siempre se ponen de acuerdo en todo.
- Finalmente ellos se pusieron de acuerdo sobre las vacaciones y se fueron a la playa.
- Me he puesto de acuerdo con mi profesor para poder entregar el trabajo un poco más tarde.
- Los distintos partidos políticos nunca se ponen de acuerdo.

· 그들은 이상적인 부부로, 항상 모든 일에 합의합니다.
· 마침내 그들은 휴가에 대해 합의했고 해변으로 갔습니다.
· 나는 과제를 조금 더 늦게 제출하는 것에 대해 교수님과 합의했습니다.
· 서로 다른 정당들은 절대 합의하지 않습니다.

443

ponerse en contacto con ~   ~과 연락을 취하다

- Los padres pueden ponerse en contacto con los profesores.
- Me dijeron que se pondrían en contacto conmigo cuando el teléfono estuviera arreglado.
- Debo ponerme en contacto con la compañía aérea porque me han cambiado el vuelo.
- María se puso en contacto con el hospital para saber cómo estaba su padre.

- 부모님들은 선생님들과 연락할 수 있습니다.
- 전화기가 수리되면 나에게 연락하겠다고 말했습니다.
- 항공사가 내 비행편을 변경했기 때문에 나는 그들과 연락해야 합니다.
- 마리아는 아버지의 상태를 알아보기 위해 병원에 연락했습니다.

444

ponerse guapo(-a)   멋지게/예쁘게 하다, 차려입다

- A Juan va a conocer a los padres de su novia esta noche.
- B Estará muy nervioso, ¿no?
- A Sí, un poco. Además, no sabe si debe ponerse guapo o no.
- B Yo creo que lo mejor es que sí vaya bien arreglado. Es importante causar buena impresión.

- A 후안이 오늘 저녁에 여자친구의 부모님을 처음 만날 거야.
- B 많이 긴장되겠지, 그렇지?
- A 맞아, 조금. 게다가 차려입어야 할지 말지도 모르겠대.
- B 내 생각에는 깔끔하게 차려입고 가는 게 좋을 것 같아. 좋은 첫인상을 주는 게 중요하니까.

445

ponerse tan + adj. que ~
~하는 것보다 더 ~하다

- El hombre se puso tan violento que tuvieron que llamar a la policía.
- Pedro se puso tan contento por el premio que invitó a todos los amigos.
- El niño se puso tan enfermo que hubo que llamar al hospital.

- 그 남자가 너무 난폭해져서 경찰을 불러야만 했습니다.
- 페드로는 상을 받아서 너무 기뻐서 모든 친구들을 초대했습니다.
- 아이가 너무 아파서 병원에 전화해야만 했습니다.

446

por (lo) tanto
~때문에, 따라서

- Me olvidé el móvil en casa, por lo tanto, no podía llamarte.
- Cada vez nacen menos niños, por lo tanto, tenemos una población cada vez más envejecida.
- Me dijo que no estaría en casa y que, por lo tanto, sería inútil ir a buscarle.

- 나는 집에 휴대폰을 두었기 때문에 너에게 전화를 할 수 없었다.
- 아이들이 점점 덜 태어나기 때문에, 그 결과로 인구가 점점 고령화되고 있다.
- 그는 집에 없을 거라고 했고, 따라서 그를 찾으러 가는 것은 소용없을 거라고 말했다.

447

por ~ que + subj.   아무리 ~하더라도

- **Por muy simples que sean** las preguntas, debes concentrarte como nunca.
- Hay que intentar resolver el problema, **por imposible que parezca**.
- Estoy segura de que pasaré la prueba, **por difícil que sea**.
- Acabaré el trabajo **por cansado que esté**.

- 질문들이 아무리 단순해도, 어느 때보다 더 집중해야 합니다.
- 아무리 불가능해 보여도, 문제를 해결하려고 노력해야 합니다.
- 아무리 어려워도, 나는 시험에 통과할 것이라고 확신합니다.
- 아무리 피곤해도, 나는 일을 끝낼 것입니다.

448

por ahora   현재로는, 지금은

- No es necesario que me pagues todo el importe **por ahora**.
- **Por ahora**, solo tienen diez niños inscritos en la academia.
- Solo tomaré un café, **por ahora**.
- Me dijeron que, **por ahora**, era suficiente con que fuera por las tardes.

- 지금은 너는 나에게 전액을 지불할 필요가 없다.
- 현재로는 학원에 열 명의 아이들만 등록되어 있습니다.
- 지금은 나는 커피만 마시겠습니다.
- 현재로는 매주 오후에만 가도 충분하다고 그들이 말했습니다.

Día 23

449

por casualidad   우연히, 혹시

- Ana empezó a practicar la natación por casualidad.
- Me encontré con mi hermano en el metro por casualidad.
- Empecé a trabajar en este restaurante por casualidad y ya llevo aquí cinco años.
- Por casualidad, ¿no tendrás un bolígrafo de sobra?

- 아나는 우연히 수영을 시작하게 되었습니다.
- 나는 지하철에서 우연히 내 동생을 만났습니다.
- 나는 우연히 이 식당에서 일하기 시작했는데 벌써 5년이 되었습니다.
- 너 혹시 남는 펜 하나 있어?

450

por correo aéreo   항공으로

- Enviaron la certificación por correo aéreo.
- Desde que existe Internet ya se utiliza mucho menos el correo aéreo.
- Mandaron los paquetes por correo aéreo para que llegaran antes.
- Igual que existe un correo marítimo, también existe un correo aéreo.

- 인증서를 항공 우편으로 보냈습니다.
- 인터넷이 생긴 이후로 항공 우편은 훨씬 덜 사용됩니다.
- 소포들이 더 빨리 도착하도록 항공 우편으로 보냈습니다.
- 해상 우편이 있는 것처럼, 항공 우편도 있습니다.

451

por desgracia 불행하게도, 불행히도

- Por desgracia, su perrito se escapó de casa y no ha vuelto.
- Creo que, por desgracia, han suspendido el partido por la lluvia.
- Mis amigos me dijeron que, por desgracia, no llegarán a tiempo.

- 불행하게도, 그의 강아지가 집에서 도망쳐서 돌아오지 않았습니다.
- 불행히도, 비 때문에 경기가 취소된 것 같습니다.
- 내 친구들이 불행히도 제시간에 도착하지 못할 거라고 말했습니다.

452

por el contrario 반대로

- Mi marido cada vez come menos; yo, por el contrario, cada vez como más.
- El jefe le dijo que no le iba a despedir que, por el contrario, tenía pensado subirle el sueldo.
- Eran muy diferentes: Juan era rubio y Pedro, por el contrario, era moreno.

- 내 남편은 점점 더 적게 먹어요. 반대로 나는 점점 더 많이 먹어요.
- 상사가 그를 해고하지 않을 거라고 말했습니다. 반대로 그의 급여를 인상할 계획입니다.
- 그들은 매우 달랐다. 후안은 금발이었고 반대로 페드로는 갈색 머리였다.

Día 23

453

por ello   그에 따라, 그러므로

- Ellos comieron algo en mal estado y por ello están hospitalizados.
- Hemos trabajado todo el día y por ello estamos cansados.
- Sé que no les gustan los conciertos de rock; por ello no les he invitado a venir con nosotros.
- Ellos han cambiado de casa, por ello ya no te los encuentras en el barrio.
- 그들은 상한 음식을 먹어서 (그에 따라) 입원해 있습니다.
- 우리는 하루 종일 일해서 (그러므로) 피곤합니다.
- 그들이 록 콘서트를 좋아하지 않는다는 걸 알아서 (그에 따라) 우리와 함께 오라고 초대하지 않았습니다.
- 그들이 이사를 가서 (그러므로) 더 이상 동네에서 그들을 만나지 못합니다.

454

por ende   그래서, 따라서

- Dejé de estudiar y, por ende, de ir a la universidad.
- La subida de impuestos afectará a las empresas y, por ende, a toda la población.
- Es la novela más conocida de este autor y, por ende, la más traducida.
- 공부를 그만두었고, 따라서 대학교에도 가지 않았습니다.
- 세금 인상은 기업들에 영향을 미칠 것이고, 따라서 전체 인구에도 영향을 미칠 것이다.
- 이 작가의 가장 유명한 소설이므로, 따라서 가장 많이 번역되었습니다.

455

por entonces   그 당시에는, 그때

- Conocí a Marta hace dos años y, por entonces, llevaba el pelo largo.
- La situación política del país era, por entonces, mucho peor que ahora.
- Recuerdo que, por entonces, Juan vivía en casa de sus padres.
- Mi familia iba a esquiar a Suiza porque, por entonces, no era tan caro.

- 나는 2년 전에 마르타를 만났는데, 그때 그녀는 긴 머리를 하고 있었습니다.
- 그 당시 나라의 정치적 상황은 지금보다 훨씬 더 나빴습니다.
- 그때 후안이 부모님 집에서 살고 있었던 것을 기억합니다.
- 우리 가족은 스키를 타러 스위스에 갔습니다. 왜냐하면 그 당시에는 그렇게 비싸지 않았기 때문입니다.

456

por lo cual   그래서, 따라서

A He decidido que no voy a continuar leyendo esta novela.
B ¡Pero si está teniendo mucho éxito actualmente!
A Es muy triste y no tengo ganas de deprimirme, por lo cual, voy a empezar una nueva.
B Sí, la verdad es que no merece la pena leer algo que te pone triste.

A 나는 이 소설을 계속 읽지 않기로 결정했어.
B 하지만 지금 이 소설이 엄청 성공하고 있잖아!
A (소설이) 너무 슬프고, 나는 우울해지고 싶지 않아. 그래서 새로운 책을 시작하려고 해.
B 맞아, 사실 슬프게 만드는 책을 읽는 건 별로 의미가 없는 것 같아.

Día 23

457

por lo general   보통

- Mi hermano, por lo general, va en metro a todas partes.
- En abril, por lo general, llueve bastante.
- Por lo general, me sientan mal las lentejas.
- Nos dijeron que, por lo general, el médico no daba cita antes de un mes.

- 우리 형은 보통 어디든 지하철을 타고 다닙니다.
- 4월에는 보통 비가 많이 옵니다.
- 나는 보통 렌틸콩을 먹으면 속이 좋지 않습니다.
- 보통 의사가 한 달 이내에 예약을 잡아 주지 않는다고 들었습니다.

458

por lo que   그래서

- Todos los alumnos hicieron mal el examen, por lo que el profesor permitió que lo repitieran.
- El tren se retrasó mucho, por lo que todos llegamos tarde al trabajo.
- Mi primo ha engordado, por lo que ha decidido ponerse a régimen.
- Han quitado el servicio a domicilio, por lo que ahora hay que recoger las compras en la tienda.

- 모든 학생이 시험을 망쳐서, (그래서) 선생님이 다시 보게 허락하셨습니다.
- 기차가 크게 지연돼서 (그래서) 우리 모두 출근에 늦었습니다.
- 내 사촌은 살이 쪄서 (그래서) 다이어트를 하기로 결심했습니다.
- 배달 서비스가 중단되어 (그래서) 이제는 가게에서 직접 물건을 가져와야 합니다.

459

por lo que a mí respecta
내가 볼 때는

- **Por lo que a mí respecta**, nuestra amistad será siempre lo primero.
- **Por lo que a mí respecta**, no hay problema en que alquilemos un coche.
- **Por lo que a mí respecta**, el domingo es el mejor día para quedar a comer.

- <u>내가 볼 때는</u> 우리의 우정이 항상 최우선이다.
- <u>내가 볼 때는</u> 차를 렌트하는 것에 문제가 없습니다.
- <u>내가 볼 때는</u> 일요일이 점심 약속하기에 가장 좋은 날입니다.

460

por mi / tu / su cuenta
~의 결정에 따라, 독립적으로

- Me molesta que decidas todo **por tu cuenta** y no me consultes las cosas.
- Mi amiga comentó que haría el viaje **por su cuenta** y que nos encontraríamos en el lugar de destino.
- He decidido trabajar **por mi cuenta** porque estoy cansada de tener jefes.

- 네가 모든 것을 혼자 결정하고 나에게 상의하지 않는 것이 불만이다.
- 내 친구는 <u>자신의 결정으로</u> 여행을 할 것이라 말했고, 우리는 목적지에서 만나기로 했다.
- 나는 상사들에게 지쳐서 <u>독립적으로</u> 일하기로 <u>결심했어</u>.

Día 24

461

por mi / tu / su gusto ~마음대로, ~이 좋아서

- Hice la tarta por mi gusto.
- Juan decidió regalar un viaje a sus padres por su gusto.
- Me he comprado un coche nuevo por mi gusto.
- Dijeron que volverían a visitar aquella ciudad por su gusto.

- 내 마음대로 케이크를 만들었다.
- 자기 마음대로 후안은 부모님께 여행을 선물하기로 했다.
- 내 마음대로 새 차를 샀다.
- 그들은 자기들 마음대로 그 도시를 다시 방문하기로 했다.

462

por narices 무슨 수를 쓰더라도, 어떻게든, 무조건

- No voy a abandonar: tengo que resolver este problema por narices.
- Aunque el hueco era pequeño, aparcó el coche por narices.
- Dijo que tenía que encontrar una entrada para el concierto por narices.
- Si no queríamos llegar tarde, teníamos que levantarnos pronto por narices.

- 나는 포기하지 않을 거예요. 이 문제를 무슨 수를 쓰더라도 해결해야 해요.
- 주차 공간이 좁았지만, 그는 어떻게든 주차했어요.
- 콘서트 입장권을 무슨 수를 쓰더라도 구해야 한다고 했어요.
- 우리는 늦지 않으려면, 무조건 일찍 일어나야만 했어요.

463

por si acaso 혹시 모르니까, 만약에 대비해서

- Voy a llevar el paraguas por si acaso, porque es posible que llueva.
- Ellos hicieron una copia de las llaves por si acaso las perdían.
- Ella llamó para confirmar la reserva de mesa por si acaso.
- Le recordó el cumpleaños de la abuela por si acaso se le había olvidado.

· 혹시 비가 올지도 모르니까 우산을 가져갈 거예요.
· 만약 열쇠를 잃어버릴 경우를 대비해서 복사본을 만들었어요.
· 혹시 몰라서 테이블 예약을 확인하려고 전화했어요.
· 만약 할머니 생신을 잊어버릴 것을 대비해서 상기시켜 주었어요.

464

por si las moscas 혹시 모르니까, 만약에 대비해서

- Ellos no tenían mucha hambre, pero compraron unos bocadillos por si las moscas.
- Aunque el profesor dijo que no lo iba a preguntar para el examen, los alumnos se estudiaron el tema por si las moscas.
- Aunque el coche todavía tenía gasolina, rellenó el depósito por si las moscas.

· 그들은 배가 많이 고프지 않았지만, 만약에 대비해서 샌드위치를 몇 개 샀다.
· 교수님이 시험에 안 낸다고 했지만, 학생들은 혹시 모르니까 그 주제를 공부했다.
· 차에 기름이 아직 있었지만, 혹시 모르니까 주유를 했다.

Día 24

465

por si no ~   혹시 ~(할)까 봐

- Te doy mi número de teléfono por si no lo tienes.
- Mi madre me ha dejado su tarjeta por si yo no llevaba dinero.
- Se compró otro abrigo por si no encontraba el que le regalaron el año pasado.
- Ella cocinó pescado por si no les gustaba la carne.

- 혹시 내 전화번호가 없을까 봐 알려 줄게요.
- 엄마가 혹시 내가 돈이 없을까 봐 카드를 맡겨 주셨어요.
- 혹시 작년에 선물 받은 코트를 못 찾을까 봐 다른 코트를 샀어요.
- 혹시 고기를 안 좋아할까 봐 생선도 요리했어요.

466

por supuesto   물론, 당연히

- Por supuesto que te ayudo si me lo pides.
- Por supuesto que la tarta de zanahoria lleva huevo.
- En la tienda le dijeron que por supuesto que tendrían a tiempo su pedido.
- Por supuesto que he escuchado todo lo que me has dicho con atención.

- 당연히 네가 부탁하면 내가 도와줄게.
- 물론 당근 케이크에는 계란이 들어가지.
- 가게에서는 당연히 주문하신 물건을 제시간에 준비해 드릴 수 있다고 했어요.
- 당연히 네가 한 말을 주의 깊게 다 들었어.

467

por un momento   잠시, 잠깐 동안

- Por un momento me pareció que alguien había entrado en casa.
- Por un momento él sintió que se había perdido.
- Creo que a todo el mundo le gustaría volver a su infancia por un momento.

- 잠시 누군가가 집에 들어온 것 같았다.
- 잠깐 동안 그는 길을 잃은 것 같았다.
- 모든 사람들이 잠시나마 어린 시절로 돌아가고 싶어 할 겁니다.

468

posiblidad de promoción   승진 기회, 승진 가능성

- Mi hermano se ha ido a una empresa donde tiene más posibilidad de promoción.
- Si sabes idiomas cuentas con una posibilidad de promoción adicional.
- Le dijeron que, en ciertos departamentos, no había posibilidad de promoción.

- 내 동생은 승진 가능성이 더 많은 회사로 갔다.
- 네가 언어를 할 줄 알면 추가적인 승진 기회가 있다.
- 특정 부서에서는 승진 가능성이 없다고 들었다.

Día 24

469

puesto actual   현재 직책/직위

- Han ascendido a mi marido y su puesto actual es el de director.
- Con su puesto actual, a Juan le han facilitado un coche de empresa.
- Me estoy preparando para intentar ascender, porque, con mi puesto actual, cobro muy poco.
- ¿Cuántas personas tienes a tu cargo con tu puesto actual?

- 내 남편이 승진해서 현재 직책은 부장입니다.
- 현재 직위 덕분에 후안에게는 회사 차량이 제공되었다.
- 현재 직위로는 급여가 너무 적어서 승진을 위해 준비하고 있다.
- 현재 네 직책으로 몇 명을 관리하고 있니?

470

puesto de comercial   영업직

A Últimamente te encuentro en todas partes.
B Sí, es que ahora tengo un puesto de comercial.
A Vaya, no lo sabía.
B Pues sí, desde enero. Y ya sabes que, cuando eres comercial debes estar siempre de un lado a otro dando a conocer tus productos.

A 최근에 어디서나 너를 만나게 되네.
B 그렇지, 지금 영업직을 맡고 있거든.
A 아, 몰랐네.
B 1월부터야. 알다시피 네가 영업 사원이면 제품을 홍보하기 위해 여기저기 돌아다녀야 해.

471

punto de partida para ~ ~을 위한 출발점, ~의 시작점

- Una pequeña tienda fue el punto de partida para todo un emporio.
- Aquella reflexión fue el punto de partida para un artículo académico.
- La crisis económica fue el punto de partida para la destitución del gobierno.
- Las discusiones por la educación de los hijos fueron el punto de partida para su divorcio.

· 작은 가게가 거대한 사업의 출발점이 되었다.
· 그 생각이 학술 논문의 출발점이 되었다.
· 경제 위기가 정부 해임의 출발점이 되었다.
· 자녀 교육에 대한 논쟁이 이혼의 출발점이 되었다.

472

puntualidad de entrega 배송/납기 준수

A Estoy comprando los regalos para el Fin de Año.
B Yo los compro todos por Internet.
A ¿Y no tienes problemas con la puntualidad de entrega?
B Normalmente no. En mi experiencia se suelen cumplir los plazos de entrega que aparecen en las webs.

A 나는 연말 선물을 사고 있어.
B 나는 다 인터넷으로 구매해.
A 배송 준수에는 문제가 없니?
B 보통은 없어. 내 경험상 웹 사이트에 표시된 배송일은 잘 지켜.

Día 24

473

qué más quisiera yo 내가 더 바랄 게 뭐가 있겠어, 그랬으면 좋겠네

- A El otro día estuve hablando de ti con María.
- B ¿Ah, sí? ¿Y qué te dijo?
- A Que te pareces mucho a ese actor que está ahora muy de moda.
- B ¡Qué más quisiera yo! Él es mucho más guapo.

- A 저번에 마리아랑 네 얘기를 했어.
- B 아, 그래? 뭐라고 말해?
- A 요즘 인기 많은 그 배우랑 많이 닮았다고 하던데.
- B 나도 그랬으면 좋겠네! 그 배우가 훨씬 더 잘생겼는데.

474

qué sé yo 내가 뭘 알겠어, 모르겠어

- A Creo que van a hacer obras en el centro de la ciudad.
- B Pues se van a formar unos atascos tremendos. ¿Sabes si ofrecen alguna alternativa de transporte?
- A ¡Qué se yo! En los periódicos no se dice nada.
- B Pues va a haber muchos problemas.

- A 시내에서 공사할 것 같아.
- B 그러면 교통 체증이 엄청 심해질 텐데. 대체 교통수단이 있는지 알아?
- A 글쎄, 모르겠어! 신문에는 아무 말도 안 나와 있어.
- B 그러면 문제가 많이 생길 것 같네.

475

qué tal si ~   ~은 어때?

- **A** Voy a celebrar una fiesta en mi casa.
- **B** ¿Qué tal si invitamos también a María?
- **A** Me parece perfecto porque es una buena amiga.
- **B** ¿Y qué tal si yo llevo el postre?

- **A** 우리 집에서 파티를 열 거야.
- **B** 마리아도 초대하는 게 어때?
- **A** 좋은 친구니까 완전 좋아.
- **B** 내가 디저트를 가져가는 건 어때?

476

qué va   무슨 소리야, 아니야

- **A** Me han dicho que este año te vas fuera de intercambio.
- **B** ¡Qué va! Finalmente no han admitido mi solicitud.
- **A** Vaya, lo siento.
- **B** Lo intentaré el año próximo.

- **A** 너 올해 교환학생으로 해외에 간다고 들었는데.
- **B** 아니야! 결국 내 신청서가 받아들여지지 않았어.
- **A** 아, 유감이네.
- **B** 내년에 다시 시도해 볼게.

Día 24

477

quedar con ~   ~과 만나다/약속하다

- Ella quiere quedar con una amiga para comprar ropa.
- He quedado con mis padres para ir a ver a mis abuelos.
- El otro día quedé con mi profesora para preguntarle algunas dudas.
- Si quedas con María, dale recuerdos de mi parte.

- 그녀는 친구랑 옷을 사기 위해 만나고 싶어 한다.
- 나는 부모님과 할머니 할아버지를 뵈러 가기로 약속했다.
- 저번에 선생님에게 궁금한 것을 물어보려고 만났다.
- 네가 마리아를 만나면, 내 안부 전해 줘.

478

quedar desierto   공석이다

- A ¿Quién ha ganado el premio de arquitectura?
- B Ha quedado desierto.
- A ¿Por qué?
- B Parece que no había ningún proyecto realmente bueno.

- A 건축상을 누가 받았어?
- B 그 상은 공석이었어.
- A 왜?
- B 진짜 좋은 작품이 없었던 것 같아.

479

quedo a su disposición

연락주시기 바랍니다, 당신의 처분에 따르겠습니다

A Tengo que redactar una carta formal para solicitar un nuevo puesto y no sé cómo hacerlo.
B No olvides decir al final "Quedo a su disposición para aclarar cualquier punto".
A ¿Y eso qué significa?
B Pues que estás dispuesto a explicar todo lo que no esté claro.

A 새로운 직책을 신청하는 공식 편지를 써야 하는데 어떻게 해야 할지 모르겠어.
B 마지막에 "추가 설명이 필요하시다면 언제든지 연락주시기 바랍니다"라고 쓰는 것을 잊지 마.
A 그게 무슨 뜻이야?
B 아마, 명확하지 않은 부분에 대해 설명할 준비가 되어 있다는 뜻이야.

480

recién + adj.

방금 ~한

- Aquí tienes mi última novela, recién salida de la editorial.
- Venid pronto a comer, que tengo la comida recién hecha.
- No te sientes en ese banco, que está recién pintado.
- La reforma de la casa está recién acabada, así que nos mudaremos pronto.

- 여기 내 신간 소설이 있어. 출판사에서 방금 나왔어.
- 얘들아, 빨리 와서 밥 먹어, 방금 만든 음식이야.
- 그 벤치에 앉지 마, 방금 칠한 거야.
- 집 리모델링이 방금 끝났어, 그래서 우리는 곧 이사할 거야

Día 25

481

red de ventas   판매망

- Este empresario ha establecido una importante red de ventas en el sector de la alimentación.
- La inmobiliaria ha crecido mucho gracias a su red de ventas en la costa.
- La red de ventas con el extranjero es indispensable para obtener beneficios económicos.

· 이 사업가는 식품 분야에서 중요한 판매망을 구축했다.
· 부동산 회사는 해안가의 판매망 덕분에 많이 성장했다.
· 해외 판매망은 경제적 이익을 얻는 데 필수적이다.

482

redes sociales   사회 관계망, SNS, 소셜 미디어

- El uso de las redes sociales ha crecido muchísimo en los últimos tiempos.
- Está demostrado que los jóvenes utilizan mucho más que los mayores las redes sociales.
- Desde el gobierno han lanzado una campaña para desaconsejar el uso de redes sociales en menores de 16 años.
- Hoy en día casi todo el mundo se informa de las noticias a través de las redes sociales.

· 소셜 미디어 사용이 최근에 엄청나게 증가했다.
· 젊은이들이 노인들보다 소셜 미디어를 훨씬 더 많이 사용한다는 것이 입증되었다.
· 정부는 16세 미만 아동에 SNS 사용을 권장하지 않는 캠페인을 시작했다.
· 요즘은 거의 모든 사람들이 소셜 미디어를 통해 뉴스를 접합니다.

483

reírse de ~   ~을 (비)웃다, 우습게 보다

- No deben reírse de los equipos débiles.
- Nos reímos de su disfraz porque era muy llamativo.
- No te rías de mi nuevo aspecto, es que me han cortado muy mal el pelo.

- 약한 팀들을 우습게 보면 안 된다.
- 우리는 그의 의상이 너무 화려해서 웃었다.
- 내 새로운 모습을 비웃지 마, 미용실에서 머리를 잘못 잘랐어.

484

relacionado(-a) con ~   ~과 관련 있는

- Los malos hábitos están relacionados con las enfermedades.
- La política siempre ha estado relacionada con la economía.
- La siesta está relacionada con los españoles.

- 나쁜 습관은 질병과 관련이 있습니다.
- 정치는 항상 경제와 관련되어 왔습니다.
- 낮잠은 스페인 사람들과 관련이 있습니다.

Día 25

485

respecto a ~   ~에 관련해서, ~에 대해

- ¿Qué piensas respecto a la posibilidad de limitar el tráfico en el centro?
- Y respecto a tu propuesta, solo puedo decirte que la valoraremos próximamente.
- Hicieron un debate respecto al uso de los móviles en clase.

  - 시내 교통을 제한하는 것에 관련해서 어떻게 생각하세요?
  - 당신의 제안에 대해서는 곧 검토하겠다는 말씀밖에 드릴 수 없네요.
  - 수업 중 휴대폰 사용에 대한 토론을 했어요.

486

resultar + adj.   ~결과가 되다

- Resulta llamativo que no haya querido despedirse de nosotros.
- Esta película me ha resultado muy interesante.
- La cena de anoche nos resultó bastante pesada e indigesta.
- Las opiniones de Pedro resultan absurdas en ocasiones.

  - 우리와 작별 인사도 하지 않은 게 주목을 끄네요.
  - 이 영화가 내게 매우 흥미로웠어요.
  - 어젯밤 저녁 식사가 우리한테 꽤 부담스럽고 소화가 잘 안 됐어요.
  - 페드로의 의견이 때때로 터무니없게 들려요.

487

retomar el tema 주제를 다시 다루다, 재논의하다

- Debemos retomar el tema del otro día porque no me han quedado claras tus opiniones.
- Aunque no queríamos seguir hablando de política, Pablo retomó el tema.
- Al final de la clase, el profesor dijo que retomaría el tema en la clase siguiente.
- Retomaremos el tema cuando tengamos toda la información.

· 우리는 저번에 얘기했던 주제를 다시 다뤄야겠어요. 당신의 의견이 명확하게 이해가 안 됐거든요.
· 우리는 정치 얘기를 계속하고 싶지 않았는데, 파블로가 그 주제를 다시 꺼냈다.
· 수업 마지막에 교수님이 다음 수업에서 그 주제를 다시 다루겠다고 하셨다.
· 우리는 모든 정보가 있을 때 그 주제를 다시 논의하겠습니다.

488

romper el hielo 어색한 분위기를 깨다, 어색함을 풀다

- No es fácil coger confianza y romper el hielo cuando acabas de conocer a alguien.
- Una vez que rompieron el hielo, se sintieron muy cómodos juntos.
- Estuve mucho tiempo enfadado con mi hermano, pero ya hemos roto el hielo y volvemos a llevarnos bien.
- En política exterior hay que romper el hielo y restablecer las relaciones complicadas con otros países.

· 처음 누군가를 만났을 때 친해지고 어색한 분위기를 깨는 것은 쉽지 않다.
· 서로 어색한 분위기가 풀리자, 그들은 함께 있는 것이 매우 편안했다.
· 나는 오랫동안 남동생에게 화가 나 있었지만, 이제는 어색함이 풀리고 다시 잘 지내고 있다.
· 대외 정책에서는 어색한 분위기를 깨고 다른 나라들과의 복잡한 관계를 회복해야 한다.

Día 25

489

sacar buena / mala nota
좋은/나쁜 점수를 얻다/받다

- En mi clase todo el mundo saca buenas notas.
- El hermano mayor saca muy buenas notas en matemáticas, pero muy malas en lengua.
- Debes sacar muy buenas notas si quieres ir a esa universidad.
- El profesor permitió repetir el examen a los que habían sacado malas notas.
- 우리 반에서는 모두가 좋은 성적을 얻었다.
- 큰 형은 수학에서는 아주 좋은 성적을 받지만, 국어에서는 아주 나쁜 성적을 받는다.
- 네가 그 대학에 가고 싶다면 아주 좋은 성적을 받아야 한다.
- 선생님은 나쁜 성적을 받은 학생들에게 시험을 다시 볼 수 있게 해 주셨습니다.

490

salir de compras
쇼핑하러 (나)가다

- Cuando hay rebajas, todo el mundo sale de compras.
- Me gusta salir de compras a primera hora porque hay menos gente.
- No soporto salir de compras con mi hermana porque no le gusta nada.
- Llévate el coche cuando salgas de compras.
- 세일 기간에는 모든 사람들이 쇼핑하러 나갑니다.
- 나는 사람이 적어서 아침 일찍 쇼핑하러 가는 걸 좋아해요.
- 내 동생은 아무것도 마음에 들어 하지 않아서 같이 쇼핑하러 가는 게 힘들어요.
- 너 쇼핑하러 갈 때는, 차를 가져가라.

491

salir tocado   지치다, 아프다, 타격을 입다

- Dicen que después preparar oposiciones durante tanto tiempo sales tocado.
- Vimos una película que trataba sobre la guerra y salimos tocados.
- Es imposible ver las noticias y no salir tocado con todas las calamidades que se muestran.

· 오랫동안 공무원 시험을 준비하면 정신적으로 지친다고 합니다.
· 우리는 전쟁에 대한 영화를 봤는데 마음이 많이 아팠습니다.
· 뉴스에서 보여 주는 모든 재난을 보고 나서 마음이 안 아플 수가 없습니다.

492

saludar de mi parte   내 안부를 전하다

A Este fin de semana voy a ver a María.
B Yo hace mucho que no la veo.
A ¿Quieres que le diga algo de tu parte?
B Bueno, simplemente salúdala de mi parte.

A 나는 이번 주말에 마리아를 만날 거야.
B 나는 오랫동안 그녀를 못 봤어.
A 내가 너 대신 뭐라고 전해 줄까?
B 음, 그냥 내 안부 전해 줘.

Día 25

493

se ve obligado a + inf.   ~은 ~해야 한다

A ¿Finalmente sancionaron al futbolista?
B Sí, el árbitro se vio obligado a informar de lo sucedido en el campo.
A Claro, es su deber.
B Si los jugadores respetaran las normas, los árbitros no se verían obligados a tomar estas decisiones.

A 결국 그 축구 선수를 징계했나요?
B 네, 심판이 경기장에서 일어난 일을 보고해야 했어요.
A 그렇죠, 그게 그의 의무죠.
B 선수들이 규칙을 준수했다면, 심판들이 이런 결정을 내릴 필요가 없었을 거예요.

494

seguido de ~   그다음, 이후에, 뒤이어

- Pedro llegó primero, seguido de Juan.
- Nos tomamos el postre, seguido de un café.
- Juan ha pensado que, seguido del Máster, estudiará el doctorado.
- Se llevará a cabo la cirugía, seguida de un proceso de rehabilitación.

- 페드로가 먼저 도착했고, 후안이 그 뒤를 이었다.
- 우리는 디저트를 먹고, 그다음 커피를 마셨다.
- 후안은 석사 과정 이후에 박사 과정을 공부할 것이라고 생각했다.
- 수술을 하고, 뒤이어 재활 치료를 할 예정이다.

495

seguir detrás de ~   계속 추진하다, 계속 준비하다

- Mi hermano sigue detrás de completar su colección de minerales.
- Sigo detrás de la idea de estudiar Historia del Arte cuando tenga algo de tiempo.
- Seguimos detrás del viajar a Italia este fin de semana, a pesar de la huelga aérea.
- 내 동생은 자신의 광물 수집품을 완성하는 것을 계속 추진하고 있다.
- 나는 시간이 날 때 미술사를 공부하겠다는 생각을 계속 준비하고 있다.
- 우리는 항공 파업에도 불구하고 이번 주말에 이탈리아로 여행 가는 것을 계속 추진하고 있다.

496

sentirse cómodo / incómodo   편하다/불편하다

- A pesar de que me han ensanchado la cinturilla del pantalón, todavía me siento un poco incómoda.
- Es normal sentirse un poco incómodo en las cenas de trabajo si están los jefes.
- Siempre me he sentido cómoda contigo porque me das mucha confianza.
- Es importante que los alumnos se sientan cómodos en las clases de idiomas para que puedan participar.
- 바지 허리를 넓혀 주었음에도 불구하고, 나는 아직도 좀 불편합니다.
- 상사들이 있는 회식에서 약간 불편함을 느끼는 것은 보통이다.
- 너는 나에게 많은 신뢰를 주기 때문에 난 항상 너와 함께 있을 때 편안했다.
- 언어 수업에서 학생들이 참여할 수 있도록 편안함을 느끼는 것이 중요하다.

Día 25

497

sentirse de ~ (un lugar)
~을 고향으로 느끼다

- Aunque Juan nació en el extranjero, siempre se ha sentido de aquí.
- Me siento de este pueblo cada vez que lo visito.
- Es imposible sentirse de una gran ciudad, porque no hay familiaridad entre las personas.

- 후안은 해외에서 태어났지만, 항상 이곳을 고향이라고 느껴 왔다.
- 이 마을을 방문할 때마다 이곳이 내 고향 같다고 느낀다.
- 대도시에서는 사람들 간의 친밀감이 없기 때문에 그곳을 고향처럼 느끼기는 불가능하다.

498

sentirse mejor
기분/몸이 나아지다/좋아지다

- Después de tomar sus medicinas se sintió mucho mejor.
- Te sentirás mejor si comes algo.
- No debes volver a trabajar hasta que no te sientas mejor.
- Me sentiré mejor cuando no tenga tanto estrés en el trabajo.

- 약을 복용한 후에 그는 훨씬 더 기분이 나아졌다.
- 뭔가를 먹으면 기분이 좋아질 거야.
- 몸이 완전히 나아질 때까지 일터로 돌아가면 안 된다.
- 직장에서 스트레스가 덜할 때 기분이 좋아질 것 같다.

499

sentirse / estar arropado por alguien

누구의 지지/지원을 느끼다/받다

- Mi hermano puso un bufete privado porque estaba arropado económicamente por mis padres.
- Cuando decidí dejar el trabajo, me sentí arropada por mi marido.
- Siempre ha estado arropado por su jefe en todas las decisiones que ha tomado.

· 내 형(동생)은 부모님의 경제적 지원을 받아서 개인 변호사 사무소를 차렸다.
· 내가 직장을 그만두기로 결정했을 때 남편의 지지를 느꼈다.
· 그는 항상 상사로부터 자신이 내린 모든 결정에 대해 지지를 받아왔다.

500

ser capaz de + inf.

~할 능력이 있다

- Esa persona es capaz de resolver todos los problemas.
- Creo que nunca seré capaz de pronunciar bien el inglés.
- Los trabajadores fueron capaces de conseguir mejoras salariales.
- No he sido capaz de acabar esta novela porque me parece aburrida.

· 그 사람은 모든 문제를 해결할 수 있는 능력이 있다.
· 나는 영어를 제대로 발음할 수 있는 능력이 절대 없다고 생각한다.
· 직원들은 임금 인상을 얻어내는 데 성공했다 (능력이 있었다).
· 나는 이 소설이 지루해서 끝까지 읽을 수가 없었다 (능력이 없었다).

Día 26

501
ser corriente   평범하다, 일상적이다

- El último coche que se ha comprado Juan no es muy lujoso, es muy corriente.
- El vino que pusieron en la boda era bastante corriente.
- Los ingredientes de esta receta son corrientes y por ello no son difíciles de conseguir.
- El verbo "decir" es más corriente que el verbo "enunciar".

· 후안이 최근에 구입한 차는 그다지 고급스럽지 않고, 아주 평범하다.
· 결혼식에서 제공된 와인은 꽤 평범했다.
· 이 요리법의 재료들은 평범해서 구하기 어렵지 않다.
· "말하다(decir)"라는 동사는 "진술하다(enunciar)"라는 동사보다 더 일상적이다.

502
ser de noche   밤이다

- Todavía es de noche.
- Como ya es de noche, creo que es mejor salir a pasear otro día.
- En invierno es de noche muy pronto.
- Casi todos los conciertos son de noche.

· 아직 밤이다.
· 이미 밤이 되었으니, 산책은 다른 날 가는 게 좋을 것 같다.
· 겨울에는 매우 일찍 밤이 된다.
· 거의 모든 콘서트는 밤에 열린다.

503

ser el / la mejor   최고이다

- Para ser la mejor, ella se levanta cada día a las seis de la mañana.
- Es un chico muy competitivo que siempre quiere ser el mejor en todo.
- En esta empresa, no es fácil ser el mejor, porque todos lo intentan.
- Consiguió ser la mejor y ganó el primer premio.

- 최고가 되기 위해, 그녀는 매일 아침 6시에 일어난다.
- 그는 모든 면에서 항상 최고가 되고 싶어 하는 매우 경쟁적인 청년(소년)이다.
- 이 회사에서는 모든 사람이 노력하기 때문에 최고가 되기가 쉽지 않다.
- 그녀는 최고가 되어 1등상을 받았다.

504

ser el / la primero(-a)   일등이다, 첫 번째이다

- Juan intentó ser el primero.
- Fue el primero de su promoción y encontró trabajo rápidamente.
- Estoy seguro de que, con esfuerzo y dedicación, serás la primera.

- 후안은 1등이 되려고 노력했다.
- 그는 졸업반(학번)에서 수석을 했고 빨리 취직을 했다.
- 난 네가 노력과 헌신으로 1등이 될 거라고 확신한다.

Día 26

505

ser fichado por ~   ~은 ~로 스카우트되다/영입되다

A Un nuevo entrenador ha sido fichado por el presidente del equipo.
B A mí me habría gustado que se mantuviera el anterior.
A Pues parece que el que han fichado es muy bueno.
B Tendrá que demostrarlo.

A 새 감독이 구단주에 의해 영입됐어요. (구단주가 새로운 감독을 영입했어요.)
B 저는 이전 감독이 계속 있었으면 좋았을 텐데요.
A 하지만 영입한 감독이 아주 유능한 것 같아요.
B 그가 실력을 증명해야겠죠.

506

ser fuente de ~   ~의 원인/원천이다

- La política siempre es fuente de discusiones.
- Las reuniones de familia son a veces fuente de conflictos.
- Las opiniones de este periodista suelen ser fuente de muchos comentarios.

- 정치는 항상 논쟁의 원인이 된다.
- 가족 모임은 때때로 갈등의 원천이 된다.
- 이 기자의 의견들은 보통 많은 논평의 원인이 된다.

507

ser grato + inf.   ~은 ~하는 것이 기쁘다, 감동이다

- **Nos es grato proclamar** el ganador del concurso de relatos de esta edición.
- **Les fue muy grato anunciar** la llegada de un nuevo bebé a la familia.
- Después del ascenso, **me fue grato saludar** al jefe de la compañía.

  - 우리는 이번 소설 대회의 우승자를 <u>발표하게 되어 기쁩니다</u>.
  - 그들은 가족에 새로운 아기가 태어났음을 <u>알리게 되어 매우 기뻤습니다</u>.
  - 승진 후에, <u>나는</u> 회사 사장님께 <u>인사드리게 되어 기뻤습니다</u>.

508

ser pesado   짜증나다, 귀찮다, 부담스럽다

- La verdad es que Juan **era muy pesado**.
- **Es bastante pesado** hacer dos exámenes en un día.
- No soporto a mi vecino porque **es un pesado**.
- Creo que el itinerario que ha propuesto el guía **es un poco pesado**.

  - 사실 후안은 정말 짜증나는 사람이었다.
  - 하루에 시험을 두 개 보는 것은 <u>꽤 부담스럽다</u>.
  - 내 이웃이 너무 귀찮은 사람이라서 참을 수가 없다.
  - 가이드가 제안한 여행 일정이 <u>부담스럽다</u>.

Día 26

509

ser propenso a ~   ~하는 경향이 있다, ~하는 편이다

- Mi madre es bastante propensa a constiparse en otoño.
- Juan es propenso a engordar y por eso cuida mucho lo que come.
- Soy bastante propensa a las emociones: río y lloro con facilidad.
- Mi profesor es propenso a preguntar los últimos temas del libro.

- 우리 어머니는 가을에 감기에 쉽게 걸리는 편이다.
- 후안은 살이 찌기 쉬운 편이라 먹는 것을 매우 조심한다.
- 나는 감정이 풍부한 편이라 쉽게 웃고 운다.
- 우리 교수님은 책의 마지막 부분을 자주 물어보시는 경향이 있다.

510

ser un buen partido   좋은 배필, 좋은 신랑감

- Se casó con la hija del empresario porque claramente era un buen partido.
- Será un buen partido, pero tiene muy mal carácter.
- Solo querían ser sus amigas porque era un buen partido.
- Su familia tiene mucho dinero, así que este chico es un buen partido.

- 사업가의 딸과 결혼했는데, 확실히 좋은 배필이었지.
- 괜찮은 배필일지 모르지만, 성격이 아주 안 좋아.
- 그들은 그가 좋은 신랑감이어서 친구가 되고 싶어 했을 뿐이야.
- 그의 가족이 부자라서, 이 남자는 좋은 신랑감이야.

511

ser un rollo 지루하다, 따분하다

- La reunión de ayer fue un rollo.
- Creo que su última novela es un rollo.
- Es un rollo pasar en casa todo el fin de semana.
- No voy a tomar esta clase porque me han dicho que es un rollo.

- 어제 회의는 지루했다.
- 그의 최근 소설은 지루한 것 같다.
- 주말 내내 집에만 있는 것은 따분하다.
- 그 수업이 지루하다고 들어서 수강하지 않을 것이다.

512

ser un sueño hecho realidad 꿈이 현실화되다

- Para mí, vivir en el centro es un sueño hecho realidad.
- Es un sueño hecho realidad que mi hijo haya sacado las oposiciones.
- Me dijo que para él poder exponer sus cuadros en una galería fue un sueño hecho realidad.

- 나에게 도심에 사는 것은 꿈이 이루어진 것이다.
- 내 아들이 공무원 시험에 합격한 것은 꿈이 현실이 된 것이다.
- 그는 자신의 그림을 갤러리에서 전시할 수 있었던 것이 꿈이 이루어진 것이었다고 말했다.

Día 26

513

ser uña y carne   정말 친하다, 때려야 뗄 수 없는 사이다

- Mi primo y yo somos uña y carne: vamos juntos a todas partes.
- Antes eran uña y carne, pero tuvieron una discusión y dejaron de hablarse.
- Mi vecino es amigo mío desde siempre, vamos, que somos uña y carne.

  - 내 사촌과 나는 정말 친해, 항상 같이 다녀.
  - 예전에는 정말 친했지만, 한 번 싸우고 나서 서로 말을 안 해.
  - 내 이웃은 어렸을 때부터 친구였어, 그러니까 때려야 뗄 수 없는 사이지.

514

ser / estar cotizado   ~의 값을 매기다, 인기가 많다

- Los jugadores de este equipo son los más cotizados del campeonato.
- Al estar tan cotizada, es la modelo que más cobra de todas.
- Los alumnos de esta universidad encuentran trabajo rápido, por eso hoy es un centro tan cotizado.

  - 이 팀의 선수들은 리그에서 가장 높은 몸값을 받는다.
  - 그녀는 가장 인기가 있어서, 모든 모델들 중에서 가장 많은 출연료를 받는다.
  - 이 대학의 학생들은 빨리 취업이 되기 때문에 오늘날 매우 인기 있는 학교가 되었다.

515

servicio a domicilio

배달/방문 서비스

- Comidas preparadas con precios increíbles e, incluso, un servicio a domicilio.
- Soy cliente de esta tintorería porque tiene servicio a domicilio.
- Mi prima tiene una peluquería con servicio a domicilio para las personas mayores.

· 믿을 수 없는 가격의 즉석 식품과, 심지어 배달 서비스.
· 배달 서비스가 있어서, 나는 이 세탁소의 고객이다.
· 내 사촌은 노인들을 위한 방문 서비스를 하는 미용실을 운영한다(갖추고 있다).

516

servicio de lavado para el coche

세차 서비스

- Si usted compra 5 unidades de una vez, le regalamos un servicio de lavado para el coche.
- Muchas gasolineras tienen servicio de lavado para el coche.
- En el aparcamiento del centro comercial puedes encontrar un servicio de lavado para el coche.

· 한 번에 5개를 구매하시면, 자동차 세차 서비스를 무료로 제공해 드립니다.
· 많은 주유소들이 자동차 세차 서비스를 갖추고 있다.
· 쇼핑몰 주차장에서 자동차 세차 서비스를 이용할 수 있다.

Día 26

517

servicio de traslado   셔틀 서비스

- A Mañana tengo que estar temprano en el aeropuerto.
- B Tendrás que pedir un taxi, ¿no?
- A No, el hotel en el que me alojo ofrece un servicio de traslado al aeropuerto gratuito.
- B ¡Qué suerte!

- A 나 내일 일찍 공항에 가야 해.
- B 택시를 불러야 하지 않아?
- A 아니, 내가 묵고 있는 호텔에서 공항 무료 셔틀 서비스를 제공해.
- B 정말 운이 좋네!

518

si acaso   만약/혹시 ~이면, 기껏해야

- Si acaso me decido a ir al cine, te llamo.
- Me dijo que, si acaso no me quedaba bien, podía devolver el abrigo y cambiarlo por otra cosa.
- Mi hermano nunca desayuna; si acaso, se toma un café.
- Creo que, si acaso, suspenderé matemáticas, pero no las otras asignaturas.

- 혹시 영화 보기로 결정하면, 연락할게.
- 만약 코트가 잘 맞지 않으면 반품하고 다른 것으로 교환할 수 있다고 했어.
- 내 동생은 아침을 전혀 먹지 않아. 기껏해야 커피 한 잔 정도야.
- 혹시 수학은 떨어질 수 있겠지만, 다른 과목들은 그렇지 않을 것 같아.

519

si bien 비록 ~하지만

A ¿Qué te ha dicho el médico?
B Que debo operarme.
A ¿Por qué? ¿Es absolutamente necesario?
B En su opinión, si bien no es grave, resulta conveniente.

A 의사가 뭐라고 했어?
B 수술을 받아야 한대.
A 왜? 꼭 필요한 거야?
B 의사 의견으로는, 비록 심각하진 않지만 수술하는 게 좋을 것 같대.

520

sin compromiso 무상으로, 부담 없이

- En la tienda nos dijeron que podíamos probar previamente el producto sin compromiso.
- Me han invitado a la boda, pero sin compromiso: si no voy, no pasa nada.
- Me gustaría que, sin compromiso, leyeras unos poemas que he escrito.

- 가게에서는 제품을 부담 없이 미리 시험해 볼 수 있다고 했습니다.
- 결혼식에 초대받았지만, 부담 갖지 말라고 했어요. 안 가도 괜찮대요.
- 부담 갖지 말고, 제가 쓴 시 몇 편을 읽어 봐 주셨으면 해요.

521
sin contratiempos 여유롭게, 무사히, 차질 없이

- Espero que podamos acabar el viaje sin contratiempos.
- Los trabajadores no tuvieron problemas y presentaron el proyecto sin contratiempos.
- La sonda espacial fue lazada sin ningún contratiempo.

- 우리가 여유롭게 여행을 마칠 수 있기를 바란다.
- 직원들은 문제가 없어서, 차질 없이 프로젝트를 제출했다.
- 우주 탐사선이 무사히 발사되었다.

522
sin coste alguno* 추가 비용 없이, 어떤 비용도 없이, 무료로

- Hemos podido reservar el apartamento para las vacaciones sin coste alguno.
- En esta tienda el arreglo de la ropa que te compras se incluye sin coste alguno.
- En este hotel puedes comer en la habitación sin coste alguno.

- 우리는 추가 비용 없이 휴가용 아파트를 예약할 수 있었다.
- 이 가게에서는 구매한 옷의 수선이 무료로 포함되어 있다.
- 이 호텔에서는 추가 요금 없이 객실에서 식사를 할 수 있다.

✱ 예문 속의 sin coste alguno 대신 sin ningún coste도 사용할 수 있습니다.

523

sin duda   틀림없이, 분명히, 확실히

- Sin duda son hermanos, porque se parecen mucho.
- Cuando regrese, volveré a visitarte, sin duda.
- La explosión sin duda se debió a un problema con la combustión.
- La previsión del tiempo es que, sin duda, nevará este fin de semana.

- 그들은 분명히 형제일 거야, 매우 닮았거든.
- 돌아오면 틀림없이 너를 다시 방문할게.
- 폭발은 분명히 연소 과정의 문제 때문이었을 것이다.
- 일기 예보에 따르면 이번 주말에는 확실히 눈이 올 것이다.

524

sin falta   꼭, 반드시

- Quiero que hoy, sin falta, me entregues los ejercicios.
- El sábado, sin falta, te llamo para quedar a cenar.
- Mañana por la mañana, sin falta, estará aquí su pedido.
- Han cancelado el concierto, pero dicen que devolverán el dinero sin falta.

- 너는 오늘 반드시 내게 연습문제를 제출해야 한다.
- 내가 토요일에 꼭 저녁 약속 잡으려고 전화할게.
- 내일 아침에는 반드시 주문하신 것이 도착할 것입니다.
- 콘서트가 취소되었지만, 그들은 반드시 환불해 준다고 합니다.

525

sin saber de ~ y mucho menos de ~   ~도 모르고 ~은 더욱 더 모른다

- A Este verano he ido al pueblo de mi padre.
- B ¿Y cómo están tus primos?
- A Llevo mucho sin saber de ellos y mucho menos de mis tíos.
- B Normal, ya deben de ser muy mayores.

- A 이번 여름에 아버지의 고향에 다녀왔어.
- B 네 사촌들은 어때?
- A 오랫동안 그들 소식을 못 들었고, 삼촌들 소식은 더욱 못 들었어.
- B 그럴 만해, 이제 많이 연로하셨을 테니까.

526

sin saber muy bien cómo   왜인지 잘 모르고, 어떻게 할지 잘 모르고

- A El otro día hice una ruta por la montaña.
- B ¿Llegaste a la cima?
- A La verdad es que no; sin saber muy bien cómo llegué a un albergue y decidí quedarme allí.
- B Pues es una pena que no terminaras la ascensión.

- A 저번에 등산을 했어.
- B 정상까지 갔어?
- A 사실은 아니야. 어떻게 된 건지 모르겠지만 산장에 도착해서 거기 머물기로 했어.
- B 등산을 끝까지 못한 게 아쉽네.

527

situación límite 극한 상황, 위기 상황

- Juan está viviendo una situación límite en el trabajo porque se lleva mal con su jefe.
- La economía de esos países pasa por una situación límite después de los últimos sucesos.
- Han dicho que se van a divorciar porque su matrimonio atraviesa una situación límite.
- 후안은 상사와 사이가 좋지 않아서 직장에서 극한 상황을 겪고 있다.
- 최근 사태 이후 그 나라들의 경제는 위기 상황에 처해 있다.
- 그들의 결혼생활이 극한 상황에 도달해서 이혼하겠다고 했다.

528

solicitar la plaza 입학 신청하다, (일)자리를 신청하다

- María va a solicitar la plaza de recepcionista en el edificio.
- Ellos han solicitado la plaza en una buena universidad.
- Tienes que solicitar la plaza de ayudante en la siguiente convocatoria.
- El plazo para solicitar la plaza que quería acaba pronto.
- 마리아는 건물의 안내원 자리에 지원할 예정이다.
- 그들은 좋은 대학에 입학 지원을 했다.
- 너는 다음 모집에서 보좌관 자리에 지원해야 해.
- 내가 원하던 자리의 지원 마감일이 곧 끝난다.

Día 27

529

sueldo a convenir 임금 협상

A No estoy seguro de aceptar el puesto de trabajo que me ofrecen.
B ¿Por qué?
A Me han dicho que el sueldo es a convenir.
B Bueno, eso no es necesariamente algo negativo: te están permitiendo negociar lo que vas a cobrar.

A 제안받은 일자리를 수락할지 확신이 안 서.
B 왜?
A 연봉 협의 가능하다고 하더라고.
B 글쎄, 그게 꼭 나쁜 건 아니야. 네가 받을 급여를 협상할 수 있게 해 주는 거잖아.

530

superar con creces 능가하다, 경신하다, 뛰어넘다

- Este año se han superado con creces las expectativas de venta.
- El atleta superó con creces su mejor marca personal.
- No es que el trabajo sea bueno, es que ha superado con creces los objetivos marcados.
- El alumno superó con creces el mínimo para aprobar la asignatura.

- 올해는 판매 예상치를 능가했다.
- 그 선수는 자신의 최고 기록을 크게 경신했다.
- 단순히 일을 잘한 게 아니라, 목표치를 훨씬 뛰어넘었다.
- 그 학생은 과목 통과 최소 점수를 경신했다.

531

tales como ~   예를 들면, ~ 같은

A Ayer comí en un restaurante mejicano.
B ¿Ah sí? ¿Y qué comiste?
A Pues platos típicos, tales como nachos y enchiladas.
B ¡Qué ricos! Avísame el próximo día que vayas.

A 어제 멕시코 식당에서 먹었어.
B 아 그래? 뭐 먹었어?
A (예를 들면) 나초랑 엔칠라다 같은 전통 음식들을 먹었지.
B 맛있겠다! 다음에 갈 때 나한테 말해 줘.

532

tan deprisa   그렇게 빨리, 너무 서둘러

- No vayas tan deprisa, que yo no puedo correr tanto.
- El trabajo te ha salido mal por hacerlo tan deprisa.
- No me gusta que conduzcas tan deprisa.
- No se enteró de la novela por leerla tan deprisa.

- 그렇게 빨리 가지 마, 난 그렇게 빨리 달릴 수 없어.
- 너무 서둘러서 했더니 일이 잘못됐네.
- 네가 그렇게 빨리 운전하는 게 맘에 안 들어.
- 너무 빨리 읽어서 소설 내용을 제대로 이해하지 못했어.

Día 27

533

tan pronto como me / te / le sea posible
가능한 한 빨리

- Contestaré a tu email **tan pronto como me sea posible**.
- **Tan pronto como nos sea posible** enviaremos su paquete.
- Juan fue a visitar a María al hospital **tan pronto como le fue posible**.
- Después del robo, cambió la cerradura de su puerta **tan pronto como le fue posible**.

  - 나는 <u>가능한 한 빨리</u> 이메일에 답장하겠습니다.
  - 우리는 <u>가능한 한 빨리</u> 당신의 소포를 보내드리겠습니다.
  - 후안은 <u>가능한 한 빨리</u> 마리아를 병문안 갔습니다.
  - 도난 후 그는 <u>가능한 한 빨리</u> 그의 문 자물쇠를 교체했습니다.

534

tanto ~ como ~
~뿐만 아니라 ~도, 모두 다, 둘 다

- **Tanto Juan como Pedro** fueron compañeros míos en la otra empresa.
- **Tanto Picasso como Van Gogh** tiene un museo con su nombre.
- Come lo que quieras, **tanto la carne como el pescado** está recién hecho.
- No sé qué comprarme, porque me gustan **tanto la falda como el pantalón**.

  - 후안뿐만 아니라 페드로도 다른 회사에서 내 동료였다.
  - <u>피카소와 반 고흐 모두</u> 자신의 이름을 딴 박물관이 있다.
  - <u>고기뿐만 아니라 생선도</u> 갓 만든 거니까 원하는 대로 먹어.
  - <u>치마도 바지도 둘 다</u> 마음에 들어서 뭘 살지 모르겠어.

535

te debo una
너한테 신세 졌어, 보답할게

- No sabes cuánto te agradezco que me hayas conseguido las entradas. Te debo una.
- Gracias por ayudarme cuando tuve apuros económicos. Te debo una.
- Te debo una por haberme avisado de que ese mensaje de móvil era un timo.
- Te debo una: si no hubiera sido por ti, no habría encontrado a mi perro.

- 네가 티켓을 구해 줘서 내가 얼마나 고마워하는 줄 모를 거야. 꼭 보답할게.
- 내가 재정적으로 어려웠을 때 도와줘서 고마워. 신세를 졌네.
- 그 휴대폰 메시지가 사기라고 알려 줘서 신세 졌어.
- 너한테 신세 졌어. 네가 아니었다면 내 강아지를 찾지 못했을 거야.

536

temporada alta
성수기

- Las estancias en los hoteles son más caras en temporada alta.
- Necesitan refuerzo en los restaurantes de la costa cuando llega la temporada alta.
- Lógicamente, se ve a muchos más turistas por la calle cuando es temporada alta.

- 성수기에는 호텔 숙박비가 더 비싸다.
- 성수기가 되면 해안가 레스토랑들은 추가 인력이 필요하다.
- 당연하게도, 성수기에는 거리에서 훨씬 더 많은 관광객들을 볼 수 있다.

Día 27

537

temporada baja   비수기

- Cuando llega la temporada baja, muchos trabajadores se van al paro.
- En las zonas donde se puede esquiar, el verano es la temporada baja.
- Como estoy jubilado, procuro viajar en temporada baja, que es más barato.

  · 비수기가 되면 많은 직원들이 실업자가 된다.
  · 스키를 탈 수 있는 지역에서는 여름이 비수기다.
  · 나는 은퇴했기 때문에 더 저렴한 비수기에 여행하려고 노력한다.

538

tener a bien + inf.   친절하다, 선의를 보이다

- El cocinero preparó una de las mejores comidas y ha tenido a bien enseñármela paso a paso.
- El profesor tuvo a bien cambiar la fecha de entrega del trabajo para que los alumnos tuvieran más tiempo.
- Los compañeros tuvieron a bien comprar el regalo a medias.
- El conductor del autobús tuvo a bien esperar a los viajeros que llegaron retrasados.

  · 그 요리사는 최고의 요리 중 하나를 만들고, 친절하게도 단계별로 나에게 가르쳐 주었다.
  · 교수님은 친절하게도 학생들이 더 많은 시간을 가질 수 있도록 과제 제출 날짜를 변경해 주셨다.
  · 동료들은 선의를 보이며 선물 값을 나누어 내기로 했다.
  · 버스 기사님은 친절하게도 늦게 도착한 승객들을 기다려 주었다.

539

tener a gala   자랑스럽게 여기다, 자부심으로 여기다

- Juan **tiene a gala** haber acabado dos carreras.
- Esta empresa **tiene a gala** ser líder en su sector.
- **Tienen a gala** ser el programa más visto de la televisión.
- Esta universidad **tiene a gala** haber formado a un premio Nobel.

  - 후안은 복수 전공 졸업한 것을 자랑스럽게 여긴다.
  - 이 회사는 업계 선두라는 것을 자부심으로 여기고 있다.
  - 그들은 TV에서 가장 시청률이 높은 프로그램이라는 것을 자랑스럽게 여긴다.
  - 이 대학은 노벨상 수상자를 배출했다는 것을 큰 자부심으로 여기고 있다.

540

tener a mano   ~을 가까운 데 가지고 있다, 손 닿는 곳에 두다

- Sobre todo, no tienes que olvidar **tener libros básicos a mano**.
- Ahora mismo **no tengo a mano el número** de Juan, pero te lo busco y te lo doy.
- No es la mejor traducción de este autor, pero la he usado porque es la que **tenía a mano**.
- Cuando vayas a cocinar, asegúrate de **tener a mano** todos los ingredientes que necesites.

  - 무엇보다도, 기본 책들을 가까이에 두는 것을 잊지 말아야 해.
  - 지금 당장은 후안의 번호가 (가까이) 없지만, 찾아서 알려 줄게.
  - 이 작가의 가장 좋은 번역은 아니지만, (당장) 손에 있는 것이라서 이것을 사용했어.
  - 네가 요리할 때는 네가 필요한 모든 재료를 손 닿는 곳에 두는 것을 확인해라.

Día 28

541

tener bajo control 통제하다, 휘어잡다

- La policía aseguró tener la situación bajo control.
- El piloto dijo que ganaría la carrera porque lo tenía todo bajo control.
- Quiero que una persona organice la fiesta para tenerlo todo bajo control.

- 경찰은 상황이 통제 하에 있다고 확언했다.
- 파일럿(카레이서)은 모든 것이 통제 하에 있기 때문에 경주에서 이길 것이라고 말했다.
- 나는 모든 것이 통제되도록 한 사람이 파티를 주관하기를 원한다.

542

tener muy buena pinta 아주 좋아 보이다

- Voy a pedir pescado porque tiene muy buena pinta.
- Me parece muy bien que vayamos a ese restaurante: todo tiene muy buena pinta.
- He leído algunas páginas de su nueva novela y tiene muy buena pinta.
- La película que ponen hoy en televisión tiene muy buena pinta, yo creo que podríamos verla.

- 나는 생선을 주문할 거야, 아주 좋아 보이거든.
- 우리가 그 식당에 가는 게 좋을 것 같아. 모든 게 다 맛있어 보여.
- 나는 그의 새 소설을 몇 페이지 읽어 봤는데 아주 재미있을 것 같아.
- 오늘 텔레비전에서 하는 영화가 아주 괜찮아 보이는데, 우리가 볼 수 있을 것 같아.

543

tener cabida   자리가 있다, 받아들여지다

- El juez le dijo que su reclamación no tenía cabida.
- Claro que tu artículo tendrá cabida en nuestra revista.
- Este autor no tiene cabida en el programa de la asignatura porque es de otra época.
- Seguro que tu propuesta tendrá cabida en el congreso de filosofía.

· 판사는 그의 소송이 받아들여질 수 없다고 말했다.
· 물론 너의 기사는 우리 잡지에 실릴 자리가 있을 것이다.
· 이 작가는 다른 시대의 사람이라서 이 과목의 교과 과정에 받아들여질 수 없다.
· 너의 제안은 철학 학회에서 분명히 받아들여질 것이다.

544

tener claro   확신하다, 분명하다

- Lo tengo muy claro.
- Mi hijo tenía claro que quería un coche eléctrico.
- No tenemos claro si iremos a la playa este verano.
- No es fácil tener claro lo que quieres estudiar cuando eres joven.

· 나는 매우 확신하고 있다.
· 내 아들이 전기차를 원한다는 것은 분명하다.
· 우리는 이번 여름에 해변에 갈지 확실하지 않다.
· 젊었을 때는 무엇을 공부하고 싶은지 확실히 아는 것이 쉽지 않다.

Día 28

545
tener clases　　(학생+강의자) 수업이 있다

- Pedro **tiene clases** todos los miércoles.
- No me llames por teléfono cuando **tengo clases**.
- La próxima semana ya **no tenemos clases** porque empieza el período de exámenes.
- Echo de menos **tener clases** con la profesora del año pasado.

· 페드로는 매주 수요일마다 수업이 있다.
· 내가 수업 중일 때는 전화하지 마.
· 우리는 다음 주부터는 시험 기간이 시작돼서 수업이 없다.
· 나는 작년 선생님과의 수업이 그립다.

546
tener cobertura　　(보험 등) 보장하다, 통신이 되다

- Me gusta viajar a lugares donde **no tengo cobertura** y nadie puede localizarme.
- **No tenemos cobertura** en algunas zonas del pueblo.
- Ella pudo llamarme cuando por fin **tuvo cobertura**.
- Me han dicho que mi seguro médico **no tiene cobertura** en el extranjero.

· 나는 통신 신호가 닿지 않는 아무도 나를 찾을 수 없는 곳으로 여행 가는 것을 좋아한다.
· 마을의 일부 지역에서는 통신이 되지 않는다.
· 그녀는 마침내 통신이 잡혔을 때 나에게 전화할 수 있었다.
· 내 의료 보험이 해외에서는 보장이 안 된다고 들었어요.

547

tener cuidado   조심하다, 주의하다

- Hay que tener cuidado con los golpes de calor, porque son peligrosos.
- Ten cuidado con el coche, que hay hielo en la carretera.
- Ella no tuvo cuidado con su bolso y se lo robaron.
- Debes tener cuidado al cruzar la calle.

· 열사병은 위험하니까 주의해야 한다.
· 도로에 얼음이 있으니 운전할 때 주의해.
· 그녀는 가방을 조심하지 않아서 도난당했다.
· 길을 건널 때 조심해야 해.

548

tener en cuenta   고려하다, 명심하다, 염두에 두다

- Debes tener en cuenta la predicción del tiempo antes de viajar.
- Juan no tuvo en cuenta las recomendaciones del profesor y suspendió.
- Para entender sus cuadros hay que tener en cuenta algunos aspectos de su biografía.
- Cuando le invites a cenar, ten en cuenta que es vegetariano.

· 너는 여행하기 전에 일기 예보를 고려해야 한다.
· 후안은 교수님의 조언을 명심하지 않았고 시험에 떨어졌다.
· 그의 그림들을 이해하려면 그의 전기의 몇 가지 측면들을 고려해야 한다.
· 저녁 식사에 초대할 때, 그가 채식주의자라는 것을 염두에 두어야 해.

Día 28

549
tener enchufe 　　인맥이 있다

- Juan tenía enchufe y por eso entró en la empresa.
- Aquí, si no tienes buen currículum, no sirve de nada tener enchufe.
- Algunos premios solo se conceden a las personas que tienen enchufe.

- 후안은 인맥이 있어서 그 회사에 들어갔어.
- 여기서는 좋은 이력서가 없으면 인맥이 있어도 소용없어.
- 일부 상은 인맥이 있는 사람들에게만 주어져.

550
tener energía 　　기운이 있다, 에너지를 얻다

- Últimamente tengo poca energía: me canso muy pronto.
- Juan es el más animoso del grupo; tiene mucha energía.
- Para tener energía es fundamental hacer deporte y llevar una buena alimentación.
- Yo soy una persona diurna: siento que por la noche no tengo energía.

- 요즘 나는 기운이 없어. 금방 피곤해져.
- 후안은 그룹에서 가장 활기찬 사람이에요. 에너지가 넘쳐요.
- 에너지를 얻으려면, 운동하고 건강한 식습관을 갖는 것이 필수입니다.
- 저는 아침형 인간이에요. 밤에는 기운이 없는 것 같아요.

551
tener entre manos   진행하다, 추진하다

- Mi marido tiene entre manos un proyecto editorial muy interesante.
- Espero que el negocio que tienes entre manos salga bien.
- Los políticos tienen entre manos las decisiones más importantes de la ciudadanía.
- Ella fue a un psicólogo porque no era capaz de resolver el problema que tenía entre manos.

· 제 남편은 매우 흥미로운 출판 프로젝트를 진행하고 있습니다.
· 네가 추진하고 있는 사업이 잘 되길 바란다.
· 정치인들은 시민들의 가장 중요한 결정들을 진행하고 있다.
· 그녀는 스스로 해결할 수 없는 문제를 추진하고 있어서 심리 상담사를 찾아갔습니다.

552
tener éxito   성공하다

- María siempre ha tenido éxito en los negocios.
- La obra de teatro no tuvo éxito de público y fue cancelada.
- Para tener éxito hay que arriesgar.
- Si quieres tener éxito en la vida, debes seguir tus intuiciones.

· 마리아는 항상 사업에서 성공을 거두었다.
· 연극은 관객들에게 성공을 거두지 못해 취소되었다.
· 성공하려면 위험을 감수해야 한다.
· 인생에서 성공하고 싶다면, 직감을 따라야 한다.

Día 28

553

tener ganas de + inf.   ~하고 싶다

- Tengo ganas de visitar las ruinas mayas.
- Mis amigos tienen ganas de hacer una excursión por la montaña.
- A estas horas es normal tener ganas de comer.
- Ellos tenían ganas de llorar después de ver una película tan triste.

· 나는 마야 유적을 방문하고 싶어요.
· 내 친구들은 산악 여행을 가고 싶어 해요.
· 이 시간쯤이면, 먹고 싶은 것이 당연해요.
· 그들은 그렇게 슬픈 영화를 본 후에 울고 싶어졌어요.

554

tener gracia   재치 있다, 재미있다

- Eso tiene mucha gracia.
- Hay personas muy cómicas que tienen gracia natural.
- En mi opinión, sus bromas no tienen ninguna gracia.
- Aunque era una película de humor, no tenía gracia.

· 그것은 매우 재미있네요.
· 타고난 재치가 있는 매우 웃긴 사람들이 있어요.
· 제 생각에는 그의 농담들이 전혀 재미없어요.
· 코미디 영화였지만, 재미가 없었어요.

555

tener la bondad de ~   ~해 주시다, 호의를 베풀다

- ¿Tendría usted la bondad de entregarme su abrigo?
- Tengan la bondad de acompañarme a su mesa.
- Me dijo que tuviera la bondad de esperar mientras consultaba mis datos.

  · 당신의 코트를 저에게 맡겨 주시겠습니까?
  · (여러분의) 테이블로 안내해 드리겠습니다.
  · 내 정보를 확인하는 동안, 잠시만 기다려 달라고 나에게 말씀하셨다.

556

tener la satisfación de ~   ~에 만족하다, ~하는 기쁨을 누리다

- Ellos tuvieron la satisfacción de conseguir el récord que se habían propuesto.
- El abuelo no tuvo la satisfacción de ver la boda de su nieto.
- Por fin he tenido la satisfacción de conocer a mi escritor favorito.
- Espero que tengas la satisfacción de cenar en ese restaurante que tanto te gusta.

  · 그들은 자신들이 목표로 했던 기록을 달성하는 만족감을 얻었다.
  · 할아버지는 손자의 결혼식을 보는 기쁨을 누리지 못했다.
  · 마침내 내가 좋아하는 작가를 만나는 기쁨을 누렸다.
  · 네가 그토록 좋아하는 레스토랑에서 식사하는 기쁨을 누리길 바란다.

557

tener lugar

개최하다, 열리다

- El concierto tuvo lugar en salón de actos.
- Las primeras olimpíadas tuvieron lugar en Atenas.
- La exposición conmemorativa tendrá lugar el año próximo.
- La reunión tendrá lugar en la nueva sede.

- 콘서트는 강당에서 열렸다.
- 최초의 올림픽은 아테네에서 개최되었다.
- 기념 전시회는 내년에 개최될 예정이다.
- 회의는 새로운 본부에서 열릴 예정이다.

558

tener que sacar más carácter

더 강한 자기 주장을 하다

- A Mi hijo está deprimido.
- B ¿Qué le pasa?
- A Está agobiado porque su jefe le presiona mucho.
- B Dile que tiene que sacar más carácter y no soportar presiones injustas.

- A 내 아들이 우울해하고 있어.
- B 무슨 일이야?
- A 상사가 너무 압박해서 힘들어하고 있어.
- B 더 강한 자기 주장을 가지고 부당한 압박을 견디지 말라고 말해 줘.

559

tirar la toalla 포기하다

- Ana no tiró la toalla, porque quiso seguir adelante.
- No debes tirar la toalla ante la primera dificultad.
- Juan tiró la toalla y no siguió estudiando.
- Al principio no cocinaba bien, pero no tiré la toalla y acabé siendo una gran cocinera.

· 아나는 포기하지 않고 계속 나아가기로 했다.
· 첫 번째 어려움에 바로 포기해서는 안 된다.
· 후안은 포기하고 공부를 계속하지 않았다.
· 나는 처음에는 요리를 잘하지 못했지만, 포기하지 않았고 결국 훌륭한 요리사가 되었다.

560

tocar hacer algo 차례이다, 때가 되다

- Hoy toca limpiar toda la casa.
- Me parece que ya toca lavar el coche.
- Este fin de semana nos toca cuidar a los abuelos.
- Debes ser más responsable: con la edad que tienes, toca madurar.

· 오늘은 집 전체를 청소할 차례야.
· 이제 세차할 때가 된 것 같아.
· 이번 주말에는 우리가 조부모님을 돌볼 차례야.
· 너는 더 책임감 있어야 해. 네 나이면 이제 성숙해질 때야.

Día 29

561

tocar madera   액땜하다

A Yo, cuando veo un gato negro, toco madera.
B ¿Eres supersticioso?
A Un poco. ¿Tú no?
B Sí, yo también toco madera cuando algo puede dar mala suerte.

A 나는 검은 고양이를 볼 때마다 액땜을 해.
B 너 미신을 믿니?
A 조금. 너는 안 그래?
B 응, 나도 불길한 일이 생길 수 있을 때 액땜을 해.

562

tocar las narices   짜증나게 하다

- Me tocó las narices cuando dijo que yo siempre llegaba tarde.
- Si seguís tocándome las narices, me marcho de aquí.
- No quiero tocarte las narices, pero es que te has vuelto a equivocar.
- El conductor del autobús estaba enfadado porque un viajero le estaba tocando las narices.

- 내가 항상 늦는다고 말해서 나를 짜증나게 했어.
- 너희들이 계속 나를 짜증나게 하면, 나는 여기서 나갈 거야.
- 너를 짜증나게 하고 싶지는 않지만, 네가 또 실수를 했어.
- 버스 기사님은 승객 한 명이 자꾸 짜증나게 해서 화가 났어.

563

tocar una pieza   곡을 연주하다

- En el concierto ellos tocaron una pieza de Mozart.
- El niño no quiso tocar ninguna pieza al piano porque le daba vergüenza.
- Los espectadores pidieron al guitarrista que tocara otra pieza.
- Pedro tocó las piezas más conocidas de su repertorio.

- 그들은 콘서트에서 모차르트의 곡을 연주했다.
- 아이는 부끄러워서 피아노로 어떤 곡도 연주하고 싶어 하지 않았다.
- 관객들은 기타리스트에게 다른 곡을 연주해 달라고 요청했다.
- 페드로는 자신의 레퍼토리 중 가장 잘 알려진 곡들을 연주했다.

564

todavía más   더 심한 것은, 한층 더

A Mi hermano me dijo que me regalaba su coche y ahora quiere que se lo devuelva.
B Eso no tiene sentido.
A Y todavía más: me dijo que, si no se lo devolvía mañana mismo, me denunciaría.
B Pues tienes un problema.

A 내 동생이 자기 차를 선물로 준다고 했는데 이제 돌려 달라고 하네.
B 그건 말이 안 되지.
A 그리고 더 심한 건 내일 당장 돌려주지 않으면 고소하겠다고 했어.
B 그렇다면 문제가 있지.

Día 29

565

tomar cariño   정이 들다, 애착을 느끼다

- Le he tomado cariño a esta casa y me va a resultar difícil marcharme.
- Los niños han tomado mucho cariño a su profesor.
- Es normal tomar cariño a las mascotas.
- Les tomó tanto cariño a los vecinos que eran como de la familia.

- 이 집에 정이 들어서 떠나기가 어려울 것 같다.
- 아이들은 선생님에게 많은 애착을 느꼈다.
- 반려동물에게 정이 드는 건 당연하다.
- 이웃들에게 너무 정이 들어서 가족같이 되었다.

566

tomar clases   (학생) 수업이 있다

- Estoy tomando clases de baile por las tardes.
- ¿Necesitas tomar clases de formación en tu nuevo trabajo?
- He tomado clases de inglés durante años, pero todavía no tengo buen nivel.
- No me gusta tomar clases de natación en invierno.

- 저는 오후에 댄스 수업을 듣고 있습니다.
- 새 직장에서 교육 수업을 들어야 하나요?
- 수년간 영어 수업을 들었지만, 아직도 실력이 좋지 않다.
- 저는 겨울에 수영 수업 듣는 것을 좋아하지 않습니다.

567

tomar el aperitivo   애피타이저를 먹다, 식전주를 마시다

- Es normal que no tengas ganas de comer después de tomar el aperitivo.
- Los fines de semana suelo tomar el aperitivo en el bar de la esquina.
- Luis quedó con sus amigos para tomar el aperitivo después del trabajo.

· 애피타이저를 먹은 후에 식욕이 없는 것은 당연하다.
· 나는 주말에는 보통 모퉁이 바에서 식전주를 마신다.
· 루이스는 퇴근 후 친구들과 식전주를 마시기로 약속했다.

568

tomar el pelo   놀리다, 속이다

- A mi prima no le gustó que le tomaran el pelo gastándole una broma.
- Juan les tomó el pelo a todos con su edad porque dijo que era más joven.
- No puedo creer lo que me dices; seguro que me estás tomando el pelo.
- Me parece que me has tomado el pelo, porque la película que me recomendaste es malísima.

· 내 사촌은 농담으로 놀림을 당하는 것을 좋아하지 않았다.
· 후안은 자신이 더 젊다고 말하면서 모두를 속였다.
· 네가 하는 말을 믿을 수 없어. 분명 날 놀리고 있는 거야.
· 네가 추천해 준 영화가 너무 형편없어서, 날 놀린 것 같아.

Día 29

569

tomar el sol   일광욕하다, 햇볕을 쬐다

- Tomar el sol no es bueno para la piel.
- Usa protección si vas a tomar el sol.
- María está tomando el sol al lado de la piscina.

· 햇볕을 쬐는 것은 피부에 좋지 않다.
· 햇볕을 쬘 거라면 자외선 차단제를 사용하세요.
· 마리아는 수영장 옆에서 일광욕을 하고 있다.

570

tomar en cuenta   고려하다

- Debes tomar en cuenta los riesgos antes de cambiar de trabajo.
- Juan no tomó en cuenta los consejos de sus padres y se equivocó.
- Antes hacer la maleta debes tomar en cuenta la previsión meteorológica.
- Para calcular cuándo llegarás, toma en cuenta el tráfico.

· 너는 직장을 바꾸기 전에 위험을 고려해야 한다.
· 후안은 부모님의 조언을 고려하지 않았고 실수를 했다.
· 짐을 싸기 전에 일기 예보를 고려해야 한다.
· 도착 시간을 계산할 때는 교통 상황을 고려해라.

571

tomar mayor fuerza

힘을 얻다, 강해지다

- La tormenta fue tomando mayor fuerza según pasaban las horas.
- La decisión de suspender el partido acabó tomando mayor fuerza.
- Si queremos que nuestra propuesta tome mayor fuerza, debemos defenderla con mejores argumentos.

· 폭풍은 시간이 지날수록 더욱 강해졌다.
· 경기를 중단하자는 결정은 더 힘을 얻었다.
· 우리의 제안이 더 힘을 얻으려면, 더 나은 논리로 이를 뒷받침해야 합니다.

572

tomar precauciones

신중하다, 예방 조치를 취하다

- Se contagiaron del virus por no tomar precauciones.
- Hay que tomar todas las precauciones establecidas antes de salir a navegar.
- Yo tomaría precauciones antes de prestarle dinero a Juan.

· 예방 조치를 취하지 않아서 바이러스에 감염되었다.
· 항해를 나가기 전에 정해진 모든 예방 조치를 취해야 합니다.
· 후안에게 돈을 빌려주기 전에 저는 신중하겠습니다.

Día 29

573

tomar (=girar) la ~(calle) a la derecha / izquierda   ~길에서 오른쪽/왼쪽으로 꺾다

- Para llegar a mi casa debes tomar la segunda calle a la derecha.
- Juan se confundió porque tomó la primera calle a la izquierda.
- Si tomas la última calle llegarás a la biblioteca.
- El navegador le indicó que tomara la tercera calle a la izquierda.

· 내 집에 오려면, 오른쪽 두 번째 길로 가야 한다.
· 후안은 왼쪽 첫 번째 길로 가서 길을 잘못 들었다.
· 마지막 길로 가면, 도서관에 도착할 것이다.
· 내비게이션이 왼쪽 세 번째 길로 가라고 안내했다.

574

tomar(se) en serio   진지하게 받아들이다

- Pedro ha suspendido el curso porque no se lo ha tomado en serio.
- Si quieres que la relación funcione, debes tomártela en serio.
- Este chico es muy inmaduro, no se toma nada en serio.
- Él se tomó en serio lo que le dijo el entrenador y mejoró su rendimiento.

· 페드로는 진지하게 임하지 않아서 학년을 낙제했다.
· 관계가 잘 되길 원한다면, 진지하게 받아들여야 합니다.
· 이 소년은 매우 미성숙해서, 아무것도 진지하게 받아들이지 않았습니다.
· 그는 코치가 말한 것을 진지하게 받아들였고 그의 실력이 향상됐다.

575

tomarse a bien / mal   좋게/나쁘게 받아들이다

- Mi tío no se tomó a bien que no le invitara a mi boda.
- Se tomó tan a mal que su equipo perdiera que se puso enfermo.
- No puedes tomarte a mal todo lo que dice Juan porque no tiene mala intención.
- Menos mal que se ha tomado a bien la broma que le hicimos.

· 삼촌은 제 결혼식에 초대받지 못한 것을 좋게 받아들이지 않으셨어요.
· 팀이 졌다는 것을 너무 나쁘게 받아들여서 병이 났어요.
· 후안이 나쁜 의도가 없으니까 그가 하는 말을 모두 나쁘게 받아들일 수는 없어요.
· 다행히도 우리가 한 장난을 좋게 받아들였어요.

576

trabajar contra reloj   시간에 쫓겨 일하다

- Hay que trabajar contra reloj para enviar todos los paquetes.
- Al final de año siempre se trabaja contra reloj.
- Tuvimos que trabajar contra reloj para cumplir los plazos.

· 모든 소포를 보내기 위해 시간에 쫓기면서 일해야 합니다.
· 연말에는 항상 시간에 쫓기면서 일한다.
· 우리는 기한을 맞추기 위해 시간에 쫓기며 일해야 했다.

Día 29

577

última generación 최신형

- ¿Usted quiere empezar el año con un móvil de última generación?
- Mi coche es de última generación: incluso aparca solo.
- Juan tiene en su casa un simulador virtual de última generación.
- Los electrodomésticos de última generación son muy caros.

  - 당신은 최신형 휴대폰으로 새해를 시작하고 싶으세요?
  - 제 차는 최신형이에요. 심지어 자동으로 주차도 합니다.
  - 후안은 집에 최신형 가상 시뮬레이터를 가지고 있어요.
  - 최신형 가전제품들은 매우 비싸요.

578

un hecho sin precedentes 전례 없는 사건

- La llegada del hombre a la luna fue un hecho sin precedentes.
- La decisión de anular la votación se ha considerado un hecho sin precedentes.
- Nunca antes una mujer había dirigido la empresa: es un hecho sin precedentes.

  - 달에 인간이 도착한 것은 전례 없는 사건이었다.
  - 투표를 무효화하기로 한 결정은 전례 없는 일로 여겨졌다.
  - 여자가 회사를 경영한 적이 한 번도 없었어요. 이는 전례 없는 일이다.

579

un punto de partida para ~

~의 출발점/시작점

- Aquel encuentro fue un punto de partida para una larga relación de amistad.
- La denuncia fue el punto de partida para llevar a cabo una investigación.
- Su gol fue el punto de partida de la remontada.

- 그 만남은 오랜 우정의 출발점이 되었어요.
- 그 고소는 수사를 시작하는 출발점이 되었어요.
- 그의 골은 역전승의 시작점이 되었어요.

580

una vez que ~

~하고 나서, ~을 끝내면

- Podrás salir a jugar una vez que hayas acabado los deberes.
- Los problemas para encontrar trabajo empiezan una vez que has acabado la carrera.
- Pon los alimentos en el frigorífico una vez que se hayan enfriado.
- Desenchufa el móvil una vez que se haya cargado.

- 숙제를 끝내면 밖에 나가서 놀 수 있어.
- 취업 문제는 졸업을 끝낸 후에 시작돼.
- 음식이 식고 나서 냉장고에 넣어.
- 충전이 다 되고 나서 휴대폰 충전기를 뽑아.

Día 30

581

una y otra vez　　반복해서, 계속해서

- Luis cometió los mismos errores una y otra vez.
- Ella llamó a la puerta una y otra vez, pero nadie le abrió.
- Es un pintor muy meticuloso: retoca los cuadros una y otra vez.
- He pasado por esta calle una y otra vez, pero no encuentro la tienda.

- 루이스는 같은 실수를 계속해서 저질렀다.
- 그녀는 문을 계속해서 두드렸지만, 아무도 열어 주지 않았다.
- 그는 매우 꼼꼼한 화가예요. 그림을 반복해서 수정합니다.
- 이 거리를 계속해서 지나다녔지만, 가게를 찾을 수 없다.

582

valer la pena　　가치가 있다

- Creo que no vale la pena estar tanto tiempo enfadado.
- Juan se dio cuenta de que no valía la pena gastar tanto dinero en ropa.
- Carmen comprendió que valía la pena arriesgarse.

- 나는 그렇게 오래 화를 내는 것은 가치가 없다고 생각해요.
- 후안은 옷에 그렇게 많은 돈을 쓰는 것이 가치가 없다는 것을 깨달었어요.
- 카르멘은 위험을 감수할 만한 가치가 있다는 것을 깨달았다.

583

vaya por Dios   아이고, 저런, 참 아쉽다

- **A** Creo que me tienen que operar de la rodilla.
- **B** ¡Vaya por Dios! ¿No hay manera de evitar la operación?
- **A** No, los médicos no ven otra solución.
- **B** Pues no te preocupes, que seguro que todo sale bien.

- **A** 나는 무릎 수술을 받아야 할 것 같아.
- **B** 아이고, 저런! 수술을 피할 방법이 없나?
- **A** 응, 의사들이 다른 해결책이 없다고 해.
- **B** 걱정하지 마, 분명 다 잘될 거야.

584

veces necesarias   여러 번, 필요한 횟수대로

- Juan se lo repitió las veces necesarias hasta que lo comprendió.
- Llamaré las veces necesarias para que me atiendan.
- Iremos las veces necesarias a cuidarte mientras estás enfermo.
- Debes dar la vuelta a la carne las veces necesarias para que se dore.

- 후안은 그가 이해할 때까지 필요한 만큼 반복해서 말했다.
- 나는 응답할 때까지 필요한 만큼 전화할 거예요.
- 우리는 네가 아픈 동안 필요한 만큼 돌보러 올 것이다.
- 너는 고기가 노릇노릇해질 때까지 필요한 만큼 뒤집어야 한다.

585

venir a + inf.   ~쯤 되다, ~ 가까이 든다

- Esto viene a costar cien dólares.
- Finalmente, la tormenta vino a ser la explicación del naufragio.
- Juan viene a ganar más o menos lo mismo que yo.
- Su llamada vino a entenderse como una forma de pedir perdón.

  - 이것은 대략 100달러 정도 들었습니다.
  - 결국, 폭풍이 난파의 원인이었던 것으로 밝혀졌습니다.
  - 후안은 대체로 나와 비슷한 정도의 돈을 벌었습니다.
  - 그의 전화는 일종의 사과로 받아들여졌습니다.

586

venir a la cabeza   문득 생각나다

- Hoy se me ha venido a la cabeza el último viaje que hicimos juntos.
- No consigo que se me venga a la cabeza el nombre de aquel actor.
- Menos mal que se me ha venido a la cabeza que hoy tenía médico.

  - 오늘 우리가 함께했던 마지막 여행이 문득 생각났어.
  - 그 배우의 이름이 도저히 생각나지 않아.
  - 다행히 오늘 병원 예약이 있다는 게 문득 생각났어.

587

venir a ser el equivalente a ~

~과 동등해지다, ~과 같은 것이다

- Su puesto viene a ser el equivalente al de director.
- El trabajo final viene a ser el equivalente al examen.
- Estas fiestas vienen a ser el equivalente al carnaval en nuestra cultura.

· 그의 직위는 사실상 부장과 동등합니다.
· 기말 과제는 시험과 같은 것입니다.
· 이 축제들은 우리 문화에서 카니발과 같은 것입니다.

588

venir de ~

~출신이다, ~ 기원하다, ~하고 오다

- Carlos viene de una familia de músicos.
- Mis amigos estaban muy morenos porque venían de vacaciones.
- El jugador viene de la cantera.
- Ellos se enriquecieron aunque venían de un origen humilde.

· 카를로스는 음악가 집안 출신입니다.
· 내 친구들은 휴가를 다녀와서 피부가 많이 탔어요.
· 그 선수는 유소년 팀 출신입니다.
· 그들은 가난한 출신이었지만 부자가 되었습니다.

Día 30

589

venir de + inf. ~하고 오는 길이다

- Lucas venía de almorzar cuando se mareó.
- Yo venía de visitar a mi madre cuando me encontré a mi prima.
- Ellos no quisieron tomar nada porque venían de comer.
- Justamente veníamos de lavar el coche cuando se puso a llover.

- 루카스는 점심을 먹고 오다가 어지러워졌다.
- 나는 어머니를 방문하고 오는 길에 사촌을 만났다.
- 그들은 식사하고 오는 길이어서 아무것도 먹고 싶어 하지 않았다.
- 우리가 세차하고 오는 길에 비가 내리기 시작했다.

590

venirse abajo 좌절하다, 의기소침하다

- Cuando le dijeron que no le renovaban el contrato, se vino abajo.
- El equipo se vino abajo cuando volvió a perder.
- Mi madre se ha venido abajo al saber que la tienen que operar otra vez.
- Se vendrá abajo si no tiene una fiesta de cumpleaños.

- 계약이 갱신되지 않는다는 말을 들었을 때, 그는 의기소침해졌습니다.
- 팀은 다시 패배하자 좌절했습니다.
- 어머니는 다시 수술을 받아야 한다는 것을 알고 좌절하셨습니다.
- 생일 파티를 하지 못하면 그는 의기소침할 것입니다.

591

ver con buenos ojos   좋게 보다

- Sus padres no ven con buenos ojos que ella quiera ser cantante.
- Vemos con buenos ojos a la novia de mi hijo.
- Seguro que, al final, verán con buenos ojos que te marches a estudiar al extranjero.

- 그녀의 부모님은 그녀가 가수가 되고 싶어 하는 것을 탐탁지 않게 여깁니다.
- 우리는 아들의 여자친구를 좋게 봅니다.
- 결국에는, 네가 해외로 유학 가는 것을 좋게 봐 주실 겁니다.

592

vida ajetreada   바쁜 생활, 바쁜 삶

- Mis amigos llevan una vida muy ajetreada… siempre están viajando.
- Tengo una vida muy ajetreada porque mi trabajo es muy estresante.
- Con la vida tan ajetreada que llevas no sé cómo tienes tiempo para ti mismo.
- Las sociedades modernas imponen una vida ajetreada.

- 내 친구들은 매우 바쁜 삶을 살고 있어요. 항상 여행을 다니고 있거든요.
- 내 직장이 매우 스트레스가 많아서 매우 바쁜 삶을 살고 있어요.
- 당신이 그렇게 바쁜 삶을 살고 있어서 자신을 위한 시간을 어떻게 내는지 모르겠어요.
- 현대 사회는 바쁜 삶을 강요합니다.

Día 30

593

vivir de ~

~로 생계를 꾸리다, ~에 (의지해서) 살다

- Mi vecina vive de la pensión de su marido.
- Los jóvenes que no encuentran trabajo viven de sus padres.
- Él vivió de la caridad cuando se quedó sin nada.

  - 내 이웃은 남편의 연금으로 생계를 꾸립니다.
  - 일자리를 구하지 못한 젊은이들은 부모님에게 의지해서 살아요.
  - 그는 모든 것을 잃었을 때 다른 사람들의 자선으로 살았습니다.

594

volver a + inf.

다시 ~하다

- Pedro volvió a enfermar al poco de salir del hospital.
- Mi hija ha vuelto a suspender matemáticas este cuatrimestre.
- Este fin de semana he vuelto a ver mi película favorita.
- Seguro que volveremos a encontrarnos.

  - 페드로는 퇴원하고 얼마 지나지 않아 다시 아프게 되었다.
  - 내 딸은 이번 학기에도 수학을 또 낙제했다.
  - 이번 주말에 내가 좋아하는 영화를 다시 봤다.
  - 우리는 분명히 다시 만날 겁니다.

595

volver de + inf. ~하고 돌아오다

- Cuando yo volvía de lavar el coche ayer, se me pinchó una rueda otra vez.
- Volvimos de esquiar el domingo pasado.
- Afortunadamente, empezó a llover cuando ellos ya volvían de hacer la ruta por la montaña.
- Ellos volvían de trabajar cuando se encontraron con María.

- 나는 어제 세차하고 돌아오는 길에 또 타이어가 펑크났어요.
- 우리는 지난 일요일에 스키를 타고 돌아왔어요.
- 다행히도 그들이 산행을 마치고 돌아오는 길에 비가 내리기 시작했어요.
- 그들은 퇴근하는 길에 마리아를 만났어요.

596

volver(se) loco(-a) 너무 좋다, 미치게 한다, 빠져 있다

- A mi hermano le vuelve loco el ajedrez.
- Juan se volvió loco de contento cuando ganó su equipo.
- Se volvieron locos cuando se dieron cuenta de que habían sido engañados.
- Me vuelve loca el chocolate, pero no debo comerlo muy a menudo.

- 내 동생은 체스에 푹 빠져 있다.
- 후안은 그의 팀이 이겼을 때 기쁨에 미쳐 버렸다.
- 그들은 속았다는 것을 깨달았을 때 미쳐 버렸다.
- 나는 초콜릿에 (완전히) 빠져 있지만, 너무 자주 먹으면 안 된다.

Día 30

597

volverse + adj.   ~하게 되다, ~해지다

- Después de la bronca que le eché se ha vuelto muy amable.
- Juan se volvió orgulloso cuando le tocó la lotería.
- Ellos se han vuelto más simpáticos con la edad.
- Ellos se volvieron indiferentes ante los problemas de los demás.

- 내가 심하게 혼낸 후에 그가 매우 친절해졌다.
- 후안은 복권에 당첨된 후 오만해졌다.
- 그들은 나이가 들수록 더 친근해졌다.
- 그들은 다른 사람들의 문제에 무관심해졌다.

598

vulgarmente se dice   속된 말로, 시쳇말로

- A Me encuentro fatal, creo que voy a ir al médico.
- B ¿Qué te pasa? ¿Qué sientes?
- A Pues que, desde la comida de empresa, me encuentro muy pesado.
- B Vaya, que te has dado un atracón, como vulgarmente se dice.

- A 몸 상태가 너무 안 좋아서 병원에 가 봐야 할 것 같아.
- B 무슨 일이야? 어떤 증상이야?
- A 회사 회식 이후로 속이 너무 더부룩해.
- B 아, 그러니까 속된 말로 폭식했다는 거네.

599

yo qué sé   내가 알게 뭐야

A ¿Sabes ya a quién vas a votar en las próximas elecciones?
B Yo qué sé. No lo tengo nada claro.
A Pues tienes que decidirte.
B Bueno, todavía hay tiempo.

A 너는 다음 선거에서 누구에게 투표할지 이미 알고 있니(정했니)?
B 내가 알게 뭐야. 전혀 확실하지 않아.
A 결정을 해야 할 텐데.
B 글쎄, 아직 시간이 있잖아.

600

yo que tú, ~   내가 너라면, ~할 텐데

- Te han cortado muy mal el pelo; yo que tú no volvería a esa peluquería.
- Yo que tú no saldría ahora porque va a llover.
- Si te pones enfermo tan a menudo, yo que tú me haría un análisis para ver si todo está bien.
- Yo que tú, le pediría explicaciones por su actitud.

- 너 머리를 너무 못 잘랐네. 내가 너라면 그 미용실에 다시 가지 않을 거다.
- 내가 너라면 지금 나가지 않을 거다, 비가 올 거거든.
- 그렇게 자주 아프다면, 내가 너라면 모든 것이 괜찮은지 검사를 받아 볼 거다.
- 내가 너라면, 그의 태도에 대해 설명을 요구할 거다.